はじめに
ブレイン・サイクル〈脳内周期〉とは

ヒトの脳には、「一定の刺激に対し、7年で飽きる」という生理的な癖がある。この癖により、人類の脳の中には、感性の7年周期が存在する。

一方で、大衆と呼ばれる単位がある。「同時期に、同じような事象を見聞きし、味わい、触れる集団」のことだ。脳の周期にのっとっていえば「同時期に、同じような事象に飽きる集団」ともいえる。

つまり、個体の脳には生理的に定められた周期があり、同時期に同じ事象に触れる大衆全体では、自然とこれが揃ってしまう。大衆全体の脳内周期の連動である。

脳内周期の大衆連動（ブレイン・サイクル）を研究していると、それが社会現象を作り出し、自動車や都市のデザインを変え、ファッションのトレンドを作り出しているのがよくわかる。

流行は繰り返す、あるいは、経済事象は繰り返すといわれ、そのトレンドの未来予測は、いつの時代も実業家たちの関心を集めるところだろう。しかし、トレンド予測の手法は、そのほとんどが過去のデータの集積と解析によるものだった。

本書では、「トレンドを作り出しているのは、脳内周期の大衆連動（ブレイン・サイクル）である」という新命題を掲げ、トレンド予測に脳科学の光を当て、新たな境地を拓くことにする。

題材としてはトレンドを扱うのだが、ブレイン・サイクルは、市場にとどまらず社会全体の気分をつかみとるものだ。

ブレイン・サイクルはまた、時代の本質とは何か、トレンドの本質とは何かを浮き彫りにする。そこには、人と群れずには暮らせない、人間の愛《いと》おしい本質も見えてくるはずである。

したがって、本書は、マーケティング論のみならず、経済、政治、社会学の一つのビューとして、大衆とともに生きるすべてのビジネスパーソンに活用していただきたい。

なぜ、人は7年で飽きるのか　もくじ

はじめに　ブレイン・サイクル〈脳内周期〉とは……1

第Ⅰ部　ブレイン・サイクル

1 トレンドと脳……8

トレンドの定義……8
トレンドには波がある……9
脳は、止まらない認識エンジンである……14
無意識の認識……15
共通感性という考え方……18
「大衆」という単位……20
「飽きる」という才能……21

2 ブレイン・サイクルの発見……26

1999年＝感性の分岐点……26
子音から母音へ……29
ヒトの脳の二大気分の発見……31
アナログ気分……34
デジタル気分……36
女性脳とアナログ気分……37
男性脳とデジタル気分……39
女性は特異点で心を動かす……40
アナログ／デジタル比率で世の中を読む……43
時代の気分には周期性がある……50
7という不思議数……53
これがブレイン・サイクルだ……60

3 感性トレンド……63

感性トレンドと二つのビュー……63
A／Dビュー……66
S／Hビュー……86

4 大衆の意識傾向と流行予測……94

アナログ気分 黎明期……94
アナログ気分 ブレイク期……99
アナログ気分 展開期……105
アナログ気分 終焉期……110
デジタル気分 黎明期……113
デジタル気分 ブレイク期……121
デジタル気分 展開期……126
デジタル気分 終焉期……128

第Ⅱ部　実証・感性トレンド

1 時代のアナログ／デジタル気分を読め……138

感性トレンドを読み解く……138
食のアナログ／デジタル気分……140
デジタルの直線好き、アナログの曲線好き……145
デジタルの横長好き、アナログの高さ好き……146
ファッションのアナログ／デジタル気分……148

2 自動車の感性トレンド……150

自動車という感性商材……150
丸い車と四角い車……151
空気抵抗を減らすデザイン……155
横のライン……164
世界一売れているカローラ……168
ディテールに見る感性トレンド……172
水平展開／垂直展開のまとめ……178

3 アナログ期は動物的……180

自動車に見られる動物的デザイン……180

4 ハード期・ソフト期の自動車にはどんな要素が出るのか……182

ハード期の自動車への表出……182　ソフト期からハード期への転換……184

Column 1　同じ事象も……82
Column 2　時代の雰囲気を牽引する世代＝特異点世代……130
Column 3　新幹線でも感性トレンドを見ることができる……186

あとがき　脳という「神」……188

巻頭付録　ブレイン・サイクル事例年表

カバーデザイン／渡邊民人（TYPEFACE）
本文デザイン／高橋明香（TYPEFACE）
本文手書き文字／黒川伊保子
イラスト／手塚美幸（感性リサーチ）
協力／トヨタ自動車株式会社
　ダイムラー・クライスラー日本株式会社
　東海旅客鉄道株式会社

第 I 部

ブレイン・サイクル

1
トレンドと脳

トレンドの定義

マーケティングで語られるトレンド（trend／傾向）とは、「大衆の意識が揃って向かう方向性」である。これに対し、流行とは、トレンドの結果としてはやる商品や現象のこと。

例えば、ここ数年の間に、女性たちのトレンドは、癒し系から、セクシー&グラマラス系へと移行し、さらにセレブ志向へと動いてきた。

意識が「癒し」の方向に向くとき、実は、脳の中では、複雑系（アナログ、自然）を認識するニューロン構造が活性化し始めている（この機構については、あとに詳しく述べる）。

このため、自然志向になり、自然食材や温泉がはやることになる。肩パッドの入った尖った印象の服よりは、優しく身体に巻きつくようなカシュクール（ラップスタイル）の服への好感度が上がる。自然体の飾らないアイドルや女優たちが、天然系・癒し系と言われて人気を得る。自然の最たるもの＝宇宙と

つながりたい気持ちが強まるので、スピリチュアルブームがやってくる。
一つひとつの流行を並べれば、「自然食材」「温泉」「カシュクール・ワンピース」「天然系アイドル」「癒し系女優」「スピリチュアル」ということになるのだが、これらの流行以前に、「癒し」というトレンド（大衆の意識傾向）が起こっていたのである。しかも、実のところ、大衆自身が気づく、かなり以前に。

トレンドには波がある

トレンドは、波に似ている。最初は、徐々に、おずおずと確かめるように傾向を示しだす。生産のグローバル化やスピードアップが叫ばれていた20世紀終盤の雰囲気の中で、癒しのトレンドが起こったとはいえ、最初は「人間は自然が一番」とか「システムより人間」「精神性が大事」などと発言するのには勇気が必要だった。

やがて、大衆全体が同じ意識傾向だとわかれば、人間性礼賛が最高潮に達する。『国家の品格』（藤原正彦著、新潮社）などという本がベストセラーにもなれる。拝金主義が叩かれる。

しかしこの後、大衆全体が細かいことにまで人間性を言い募るようになり、形骸化してくると、人々は人間性礼賛に「飽きて」うんざりする。そうすれば、この波も収まり、次の波がやってくるのだ。

失敗の許されないビジネスパーソンならば、このトレンドの波の波頭に乗っていかなければならない。トレンドの波が立ち上がる前に、トレンドを察知しなければならないのである。流行は「結果、起こること」なので、過去の流行分析では、多くの場合、トレンドの大波には追いつかない。

本書のテーマは、トレンドの前にあるもの、である。トレンドを引き起こす、そもそもの脳の機能についてひも解くのであり、今後も続くであろう脳の普遍の周期を探究するのが目的である。

すなわち、流行を生み出すのは大衆の意識傾向（トレンド）であり、トレンドを生み出しているのは脳の中に脈打つ意識のサイクルである、という考え方だ。まとめると次のようになる。

個体の脳の意識のサイクル＝ブレイン・サイクル
ブレイン・サイクルによって生み出される大衆の意識傾向＝感性トレンド
感性トレンドによって生み出される社会現象＝流行

あたかも、音源の振動が正弦波を作り出すように、意識の振動が感性トレンドの波を作り出している。

そして、こう考えると、流行が生み出されるずっと前に、時代の風向きは定まっていることがわかる。額田王《ぬかたのおおきみ》が、不倫の恋を凛《りん》として歌い上げた万葉の時代には、大らかな人間礼賛の風が吹いていたはずだ。

坂本龍馬が駆け抜けた幕末には、だれもがサバイバル気分に駆られる維新の風が吹いていた。いかな坂本龍馬といえども、大らかな万葉の風に吹かれていたら、命がけで日本全国を駆け回ることはなかっただろう。

自分さがし
ある日とうとう競争の虚しさに気付く。「人はひとりひとり違ってててもいいよね？」と、人間性を取り戻す。

自己表現
癒し気分からグラマラス気分へ、そして気品へ。人間性の成長段階を追う。

人間性尊重
人間性尊重の気分がピークになると、世直し気分が強まり、伝統を重んじるようになる。

成熟から腐敗へ
人生の成果を得、同時にしがらみが強くなる。するとあるとき、しがらみをご破産にして、新たなスタートを切る。[→再生]

「人の気分」は波のように移り変わる

再生
人はあるとき、しがらみをご破算にして、新たなスタートを切る。旅の始まり。

遠くへ
走り始めたら、しばらくはサバイバル気分に駆られて走り続ける。グローバルを目指す。

上へ
やがて、量から質への転換が起こる。エリートを目指す。

失速
頑張りすぎると、ある日気持ちが失速してしまう。なのに、競争意識はなかなか止まらない。

脳は、止まらない認識エンジンである

さて、視点を脳に転じよう。

私たちの脳は、意識ある限り、常に認識という行為を繰り返している。感覚器から入ってくるさまざまな知覚情報から、今どのような空間にいるのか、周囲で何が起こっているのか、目の前のものはいったいなんなのかを判断しようとしているのだ。

ただ歩いているだけでも、床の質感や傾斜を知覚し、自分の履いている靴との関係性を測り、転ばないように歩くための無数の認識を行なっている。狭い廊下を、壁にも、すれ違う人にもぶつからないようにスムーズに歩くことなど、ロボットに行なわせようと思ったら膨大な演算処理が必要だ。言い換えれば、脳の膨大な認識のもとに、その行為が成り立っているといえる。

さらに、ヒトは、何もせずにボーッとしているようでも、自らの概念空間をさまよい、記憶や妄想の中の状況を認識したりもしている。

物理空間も概念空間も認識しない状態、すなわち無我の境地は、よほどの覚悟がない限り作れない。座禅を組んだことがある人なら、きっとご存知のはずである。ただ静寂の中で目をつぶっても、人は、なかなか無我の境地になどなれないものだ。

つまり、脳は、ほぼ止まらない認識エンジンなのである。

無意識の認識

無意識のうちにも、私たちの脳は、無数の認識を行なっている。

デートの待ち合わせ場所に駆けつけ、人ごみの中にたたずむ愛しい人を見つけ出す。このとき、私たちは簡単に恋人を見分けたような気がしているが、私たちの脳の中では、数百の脳神経細胞が活性化し、人ごみの中の恋人を認識しているのである。

もちろん、恋人以外にも、その場のさまざまな知覚情報から、場を把握し、周囲の動きをつかみ、危険や予兆を察知している。そして、周囲の様子と、自らの脳の状態とのかね合いで、落ち着かない気持ちになったり、とげとげしい気持ちになったり、穏やかな気持ちになったり、広々とした気持ちになったり、閉塞感を感じたりしているのだ。

恋人の名を呼べば（「シュンスケ」とか「ゆうこ」とか）、その名の語感も無意識に作用する。シュンスケなら、その発音体感は、口腔内を吹くさわやかな風。ゆうこなら、口角筋を和らげる発音体感で、優しさと安らぎを感じさせる。この無意識の認識こそが、感性の鍵なのである。

さて、デート現場の想像をもう少し続けていただきたい。

デートに駆けつけたのが16歳の女の子なら、彼女は、女性ホルモンの一種であるエストロゲンの過多傾向にある。エストロゲンは、成熟した生殖可能な女性の場合、毎月の排卵前に分泌されるホルモンで、細胞に水分を取り込み、脂肪を蓄え、精神的には高揚感を提供する。すなわち、来る排卵に備えて、妊娠を維持するのにふさわしい身体を作り、受精行為に持ち込むために精神を高揚

させるのだ。高揚は、高じればイライラへと転じる。

このエストロゲンが、生殖機能を作り上げる思春期には、成熟した女性の何倍も分泌されているのである。このため、16歳の女子は、身体が重く滞ったような感じがして、イライラしやすくなっている。

そんな彼女たちには、動く質が必要だ。静かで安寧な場所より、人々が雑多に動くエネルギッシュな場所のほうが気分がいいのである。オトナになってみると、人ごみは雑多で不快だったりするものだが、ごみごみとした喧騒が心地よい脳バランスの時期もヒトには当然あるのである。

想像してみてほしい。自由気ままな人たちが雑多に動く喧騒の渋谷に、16歳の女の子がデートにやってくる。日頃、重く動かない質を感じている彼女に、混沌とした喧騒は心地よい。そこには、シュンスケが待っている。

「シュンスケ♪」と呼びかけたとき、彼女の口の中にはさわやかな風が吹き抜け、彼女の意識を支配している重く滞った感じがスーッと楽になる。イライラの卵が消えてしまうのである。

こうして、シュンスケくんは、デートの実力を発揮する前に、「無意識の認識」によって彼女にすでに好意的に受け入れられている。

シュンスケが、商品だったらと想像してみてほしい。思春期の女子にモノやサービスを買ってもらおうと思ったら、動きのある質、さわやかな語感のネーミングを考慮してみる必要がある。渋谷の雑踏にうんざりするオトナたちが、「よい」「美しい」と感じるものを、彼女たちが好意的に受け入れるかどうかは保証できない。

共通感性という考え方

無意識の認識の傾向には、もちろん、個人差がある。

渋谷や原宿より、図書館にいるほうが好きな16歳もいる。シュンスケ、アツシ、ショウのような、風の吹きぬける語感で癒される女の子がいる一方で、ユウ、ヒロ、ジュンなどの癒しの語感がやっぱりいいと思う女の子もいる。リョウ、レイ、キョウのようなクールさがいっそ心地いいと思う女子もいるだろ

う。

無意識の認識の傾向からは、ある特定の16歳の女子の脳の気分を言い当てることはできない。しかし、一万人の16歳の女子には、明らかにその傾向が現れるのである。

一万人の16歳の女子が動けば、図書館よりも原宿に軍配が上がる。重厚で厳格なものより、カワイイものに軍配が上がる。ここで扱うのは、こういうマスの単位になったときにこつ然と立ち上る共通感性なのであって、個体の心理構造の解明を目的とはしていない。

ときにこの脳機能論的な感性アプローチを、心理学の手法に照らして解釈しようとして迷路に入ってしまう方がいるのだが、心理学とは似て非なる立場なのでご注意いただきたい。

ある一塊《いっかい》の集団の感性傾向に言及する場合、その集団に共通の無意識の認識傾向を抽出することになる。

「思春期の女子」「子育て中の30代女性」「昼夜逆転生活をする30代男性」などと脳のホルモンバランス傾向でくくれば、その共通感性はかなり顕著になる。

「大衆」という単位

このように、共通感性でくくられる「一塊の人々」のうち、最も大きな単位が「大衆」である。「大衆」は、同じような時期に、同じような現象を見聞きする人々であり、トレンドを作り出す単位だ。

その昔、江戸と薩摩のように、それぞれの住民が見聞きするものがまったく違っていた時代には、日本の中にも複数の大衆が存在した。しかし、現代のように、テレビやインターネットによって、日本中の情報が均一化されている時代には、日本全体が一つの大衆となっている。

さらに、情報網が世界に張り巡らされ、自動車や服飾メーカーが世界共通ブランドを同時発売したり、映画や音楽などが世界同時期に発売されるようになった現代では、経済主要国が大きく一つの大衆になってきている。

「飽きる」という才能

大衆には、大きな特徴がある。

それは、同じような時期に同じような現象を繰り返し見聞きしたり体験したりするので、同じような時期にその現象に飽きて、対極の現象を求めるようになるということだ。

あとで詳細を述べるが、２０００年代は、世界の自動車の形状が、いっせいにグラマラスラインを描いている。ふっくらと複雑な曲面形状をしているのだ。フロント部は動物の顔のようなデザインをしており、メカというよりは、美しい生き物のような雰囲気を醸《かも》し出している。

しかし、大衆は、１９８０年代には四角い車を愛していた。横から見ると、ウェッジ（くさび）型のヒップアップしたシェイプラインを描く、いかにもメカらしい車が街中を走っていたのである。

この、丸いグラマラスラインの車から、四角いシェイプラインの車へのデザインの変遷を発見したのは、スガワラトレンド研究所の菅原健二氏である。菅原氏の発見によれば、自動車には、丸いグラマラスラインのティアドロップ型と、四角いシェイプラインのウェッジシェイプ型の流行が存在し、最も丸くなるときと、最も四角くなるときの間は28年間。すなわち、28年をかけて、少しずつ細部が変化し、完全なる対極へと向かうのだ。

直近のグラマラスピークは２０１２年頃と予測される。その後、車の形状は無機質でメカニックなほうへ向かいだす。２０２０年代には、かなり四角い車が出てきているはずだ。

同じ時期に、同じ現象を繰り返し見聞きした大衆がほぼ同じ時期に飽きて、その対極現象を求めるようになる。「大衆」という存在を見つめ抜くと、トレンドのメカニズムを、そのように解釈することができる。

飽きる、という行為は、人の脳の才能の一つである。飽きるからこそ、私たちは、生き方のバリエーションを増やし、生きる場所を拡げ、生存可能性を上げてきたのである。

対極の現象が顕著にでる車の比較

1980年代の車

1981 年セリカ

1984 年マークII

1981 年ソアラ

2000年代の車

2002 年コペン

2003 年クラウン

2001 年
メルセデス・ベンツ SL

ちなみに、どんなに情熱的に愛し合った男女だって、飽きるように仕組まれている。なぜなら互いに飽きて、それぞれ別の異性と生殖行為に至り、結果、数多くの遺伝子の組合せを残すほうが、子孫の生存可能性を上げるからにほかならない。

山里にひっそりと暮らしていれば、あるとき、冒険の旅に出たいと切望する若者が現れる。結果、その地にのちに大規模災害があっても、その地にあった遺伝子が生き残る。

遺伝子が生き残るために、動物に「飽きる」という才能を与えたのか、飽きる傾向にある遺伝子の持ち主たちが結果的に生き残ったのか、その因果関係はよくわからないが、「飽きる」という行為が、自分の足で移動する動物の脳にとって必要不可欠なことは想像に難くない。何万という卵を海流に乗せる生物と違って、私たちは、「何かに駆られて」旅に出なければ、生存可能性を拡げることができないからだ。かといって、追い立てられているばかりでは、自分を見失ってしまう。

何かに追いたてられるようにがんばるときと、腰を落ち着けて人間性を見つめるとき。すなわち、外向性と内向性の意識。飽きるという行為によって、私たちはこの二つの意識の間を行ったり来たりしている。

大袈裟な言い方を許してもらえば、大衆の追い立てられるようにがんばる意識で産業（文明）が、腰を落ち着けて人間性を見つめる意識で文化が発達してきたのだろう。この二つの意識によって、人類は歩み続けているのだ。それは、私たちの脳に、本能のように存在する二つの波で、産業構造が変わったからといって簡単に変わるようなものではないはずである。

ちなみに２００７年は、「腰を落ち着けて、人間性を見つめる意識」の波の只中にある。大衆が、何かに追い立てられるような気分から、腰を落ち着けたい気分に変わったのは１９９９年のこと。最初の「おずおずと人間性を取り戻す」７年間が終わり、２００６年からは本格的な大波になっている。

2
ブレイン・サイクルの発見

1999年＝感性の分岐点

前節で述べたように、「飽きる」という脳の機能がトレンドを生み出す基盤になっていると仮定すると、脳の飽きる周期を知れば、トレンドの波が読めることになる。

さらに、「飽きて対極に向かう」わけだが、その対極とはなんなのかを知れば、社会が次に向かう方向性も見えてくる。

しかし、そもそも私たちは、何に飽きて、何の対極に向かっているのだろう。このことを解明するためには、私たちの脳の中に存在する（少なくとも）二つの認識傾向を発見しなければならない。ここでは、その発見について述べることにする。

私は、かねてより、脳神経細胞ニューロンの構造によって、ヒトには「アナログすなわち複雑系（人間性や自然）を好んで認識したがる気分」と、「デジ

タルすなわち合理的でメカニックな構造を好んで認識したがる気分」とが存在することに気づいていた。

きっかけは、語感研究である。

私の本業は、ことばの感性に関わる研究である。ことばの属性のうち、発音体感は、小脳を経由して、潜在意識にいち早く届く。発音体感は、大脳が関与する他のことば属性（意味、文字、音響）とは独立に、潜在意識を牛耳っている。このため、語感＝発音体感と定義して、発音体感から見えてくることばの感性の世界を明らかにするのが私の生業だ。

発音体感は、言い換えれば口腔内物理効果であり、客観的な指標で表すことができる。息の流れやその温度湿度、喉・舌・口角・唇の筋肉の使い方などの物理属性のもとに、音素ごとに相対的な数値を与えれば、語感は数値化でき、さらに図表化できる。この理論を基盤に開発した語感分析法（サブリミナル・インプレッション導出法）は、ことばの感性を恣《し》意《い》的でなく数値評価できる世界初の手法となった。

さて、こうしてことばの感性分析を生業としている私のもとには、あらゆる業種業態のブランド名候補が集まってくる。一つのブランドを生み出すために、数百の候補名が挙げられたりするので、私は、日々かなりの数の新しい名前を目にすることになる。

1999年、語感研究者としては、忘れられないことが起こった。あるときを境に、ネーミング候補の半数以上が、日本語とイタリア語系のことばで占められるようになったのだ。

それまで商品名候補といえば、英語造語あるいはフランス語造語が圧倒的に多かった。しかし、1990年代の後半に入り、「桃の天然水」（日本たばこ産業）、「肌水」（資生堂）、「みずほ銀行」のように、日本語が存在感を放つようになった。

そして、1999年を境にいきなりのイタリア語ブームである。ブームといっても、イタリア語は私たち日本人には馴染みが薄く、意味が直截《ちょくせつ》にはわからないので、実際にブランド名になっていくのは、やはり英語造語というケース

が多い。しかしながら、日本語やイタリア語をネーミング候補に挙げる企業は一社にとどまらず、ネーミング現場の様相は一変したといってよかった。

子音から母音へ

日本語とイタリア語には、実は共通点がある。どちらも、母音が強く響く言語なのだ。日本語もイタリア語も、開音節語といって、音節の最後に母音が必ずつく音韻スタイルを持つ。母音は長く伸ばせる音響音で、このため、イタリア語はとうとうと歌い上げる歌曲に向くのだ。日本語も然りである。

母音は、声帯を響かせて出す自然体の音だ。日本語ならアイウエオの5音がその代表である。母音は、音響波形的に自然界で起こる音（木の葉がカサコソという音、小川のせせらぎなど）と同質である。すなわち、梅干のような形状の声帯から繰り出される音は、木の葉や川底同様、複雑系の形状から繰り出される、複雑系のアナログ音なのである。

対して、子音は、息を溜めて破裂させたり、上あごや歯にこすったりして出す音で、機械音に近い。長く伸ばすことのできない、デジタル音である。ヨーロッパ系の言語は、基本的には子音が強く響くことばたちで、特にドイツ語や英語にその傾向が顕著である。

英語造語から、日本語、そしてイタリア語へ。１９９９年に起こった、このネーミング現場の変化は、明らかに子音から母音への嗜好《しこう》の変化である。デジタル音からアナログ音への嗜好変化といってもいい。あるいは、機械的な現象から、自然的な現象への嗜好変化ともいえる。

２００１年を越えた頃には、ヨーロッパやアメリカでもイタリア語ブームといわれ、２００３年に発売されたベンツのＳＬシリーズには「ドルチェ・ヴィータ（甘い生活）」というイタリア語のニックネームがつけられていた。クールな型番文化のドイツ車に、このベタ甘な名前。ことばの感性論の立場からすれば、尋常ではない。

それと同時に、イタリアの食文化に代表される「スローフード、スローライ

フ」ブームが世界中で起こっていることも気になった。

世界中で起こっている何か……。大袈裟かもしれないが、私には、その変化を見過ごすことはできなかった。子音（機械音）から母音（自然音）へと、大衆の無意識の認識傾向が変化したこの年＝１９９９年を、私は密かに「大衆の共通感性の分岐点」と名づけた。

ヒトの脳の二大気分の発見

母音と子音と、脳の関係。このテーマを模索していて、私はあるとき、非常に興味深い論文に出会った。

それは、元ＭＩＴ（マサチューセッツ工科大学）医療研究所の脳生理学者であるトニー・ネイダー博士の「人間の生理」と題した論文である。

ネイダー博士は、音韻（ことばの音）が脳に与える影響をこの論文に著している。ここで彼が着目しているのは、現代語の音韻ではなく、古代インド哲学ヴェーダ体系の中の音韻だ。ヴェーダの音韻といえば、一般には、マントラとかスートラという呼び名で馴染みがあるのではないだろうか。

マントラやスートラは、人々の意識をある方向に導く、意味を持たない「音だけのことば」である。アメリカでは、いったん宇宙に出れば非常にストレスの高い宇宙飛行士や、刑務所の受刑者などにマントラを使った瞑想法を教え、精神安定の効果において高い評価を得ている。このマントラ瞑想時の脳波の状態は、通常とはかなり異なり、脳生理学者たちの興味を引いている。

論文「人間の生理」の中で、ネイダー博士は、インドの古代哲学ヴェーダの音韻体系を、「脳神経細胞ニューロンの長い軸索を活性化するもの」と「脳神経細胞ニューロンの短い軸索を活性化するもの」に分けて考察していたのである。

しかも、音韻グループのうち、「長い軸索を活性化する」ものは、母音が強く働く音韻列であり、「短い軸索を活性化する」ものは、子音が強く働く音韻列であることが認められた。

このことから、1999年の転換点で市場全体に起こった子音から母音への嗜好変化は、大衆の脳が「短い軸索が活性しやすい脳状態」から「長い軸索が

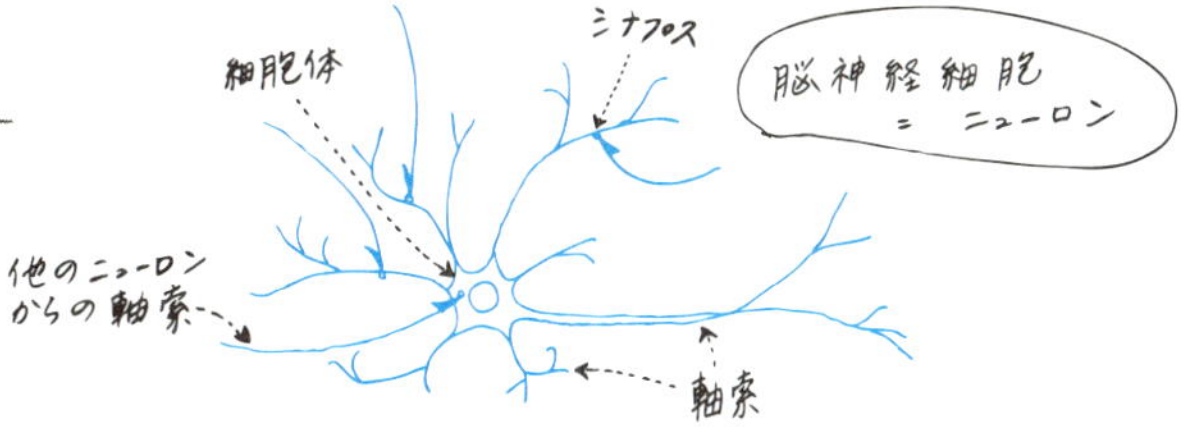

活性しやすい脳状態」へ変化したことに起因する、という仮説が立てられるのだ。

ここに、脳の二大気分を発見する、重要な鍵があった！

ニューロンは、俗に「脳細胞」と呼ばれる、認識の担い手となる細胞体だが、軸索と呼ばれるたくさんの腕を持っている。この軸索によって、他のニューロンとつながっているのである。

ニューロンの細胞体一個一個は、比較的シンプルな現象を認識する。複雑な事象を認識するときには、軸索でつながった複数のニューロンを一斉に起動して認識を行なう。例えば、「丸い」という概念を認識するニューロンと、「横長」という概念を認識するニューロンが同時に活性化すれば、「楕円」だとわかる。そういう仕組みだ。

もっと複雑なもの、例えば、初めて訪れた場所や、周囲の人たちの顔や所作を認識するためには、私たちは無数のニューロンを次々と活性化して、壮大なダイナミック・ネットワークを脳の中に構成しているのである。

認識時に活躍するニューロンの軸索は、長いもので数十センチメートル以上、短いもので0・1ミリメートルと、長さに幅がある。理由は、脳の皮質（機能部位の壁）を超えて、離れた概念を一気に結びつける軸索と、脳の皮質内で、隣り合った概念を高速で結びつける軸索とがあるからだ。

アナログ気分

皮質を超える長い軸索は、離れた概念を一気に結びつける。複雑系（自然、アナログ）の事象を認識するには、この長い軸索が必要不可欠だ。

例えば、海岸線のような、自然界の不揃いの形状や動きを認識するには、単純な認識ではすまないのである。色にしろ、音にしろ、アナログデータは複雑なベクトルの組合せを持っているし、私たちはそこから、危険察知や生存可能性を上げる予兆のような、高次の情報を読み取らなければならない。自然界や人間を見つめるとき、私たちの脳は各所が活性化し、それを長軸索が一気に結

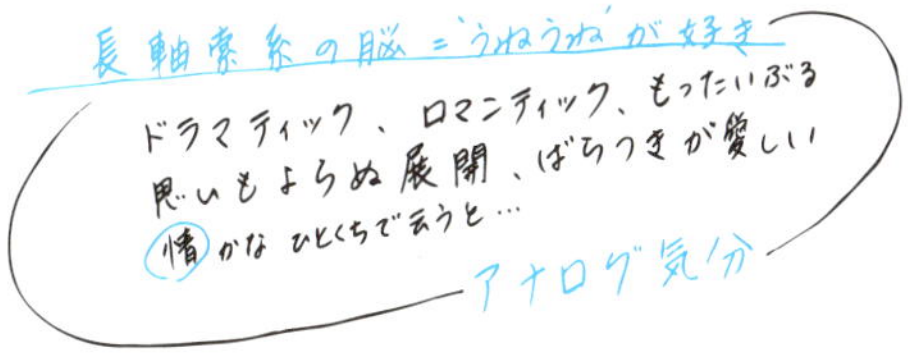
長軸索系の脳＝"うねうね"が好き
ドラマティック、ロマンティック、もったいぶる
思いもよらぬ展開、ばらつきが愛しい
情かな ひとくちで云うと…
アナログ気分

びつけているのである。逆にいえば、この長い軸索が活性しているとき、ヒトは人工物よりも、自然物に目を引かれ、不揃い（ばらつき）をおもしろがる。また、長い軸索の中には、右脳と左脳を結び、脳の感じる領域（潜在意識）の出来事を、考える領域（顕在意識）に伝えているものがある。これらは、直感やつかみの立役者である。

したがって、この長い軸索が活性しているとき、ヒトは自然を愛し、個性やばらつきを愛しいと思い、感じることを大切にし、直感やつかみで物事を判断したがる。自然素材や複雑な形状、紆余曲折や意外性のある展開が心地よい。他者とは共感することを好ましいと感じる。

ちなみに、複雑な形状とは、ふっくらとグラマラスな三次元曲面形状や、フリル、ラップ（包み込む）、ひも結びなどの、図形認識が一筋縄ではいかない形状をいう。これらは、形状でありながら「紆余曲折《うよきょくせつ》や意外性」を提供している。脳の中では、形状と概念はまったくの別物ではないのだ。

このような長軸索活性傾向時の気分を、「アナログ気分」と呼ぼう。

短軸索系＝「まっすぐ速い」が正しいと感じる
使命感、サバイバル
数字、権威が好き
正しいことが好き
デジタル気分

デジタル気分

皮質を超えない短い軸索は、同じ機能部位内の隣接したニューロンを高速で結びつける。白黒つけやすい知識を高速で積み上げるのが得意なため、数値計算、論理計算、機械のような人工物や、法律や生産工程のような人工概念の認識などにがぜん、力を発揮する。すなわち、デジタル系処理の立役者ということになる。

短い軸索が活性化しているとき、ヒトの脳は合理的で論理的な事象を心地よいと感じる。自然よりも都会（人工物）を好み、シンプルな形状を好む。「だれもが納得する、一つの正解」に、最小コスト、最短パスでたどり着くことが好ましく、必然性のある展開が心地よい。他者とは競争することが好ましいと感じる。

「だれもが納得する、一つの正解」を欲する短軸索活性傾向の脳は、当然、数値や権威が好きである。客観性こそが、「だれもが納得する、わかりやすい」

ゴールを目指す思考構造を担保してくれるからだ。

そういう意味では、長軸索は「主観」に関与するニューロン連携、短軸索は「客観」に関与するニューロン連携ということもできる。

このような短軸索活性傾向時の脳の気分を、「デジタル気分」と呼ぼう。

女性脳とアナログ気分

もうお気づきと思う。女性脳は、生まれつき、アナログ気分が活性化しやすい傾向にある。自然を愛し、人間性を尊び、フリルやリボンが好き。商品は多様展開を望み、「私だけの特別」とか「今だけの限定」に興奮する。ドラマティックで、紆余曲折や意外性のある展開が好き。

このため、「あなただけの特別を、30日間熟成してお届けします」などという商品の提供方法に快感を覚える癖がある。「世界のどこでも、同じ品質のものが、すぐ手に入る」というＩＴの理想は、女心には危険かもしれない。

さらに「親同士が反目する家の男女が出会い、幾多の誤解やライバルの策略、交通事故による記憶喪失とか、不治の病を乗り越えて純愛をとげようとしたら、兄妹かもしれない疑惑発生！」などという、ありえない展開の韓流ドラマに、最初は鼻で笑っていても、実際に見ればはまるのは、長軸索が特に活性化している中年女性ならではの行動である。しかも、共感したがる長軸索活性脳たちは、ドラマの主人公と同じ場所に立ち、同じ空気を吸うために、韓国まで出かけてしまうのだから素晴らしい。

中年女性のみならず、女性脳というのは、生涯、根底にアナログ気分を持っている。女性市場に口コミが起こりやすいのは、「食べておいしかったスイーツ」や「塗って気持ちよかった化粧品」を友達に紹介し、体験を共有して、「おいしかった！」「でしょ？　ねぇ～」と共感しあいたいからである。

女性市場をターゲットにしている読者は、女性脳のアナログ気分を肝に銘じたほうがいい。たとえ、アンケートで「クールでシンプルがいい」と答えても、実際には、ピンクのリボンつきのふわふわバッグに、ふらふらと吸い寄せられたりしているのだから。

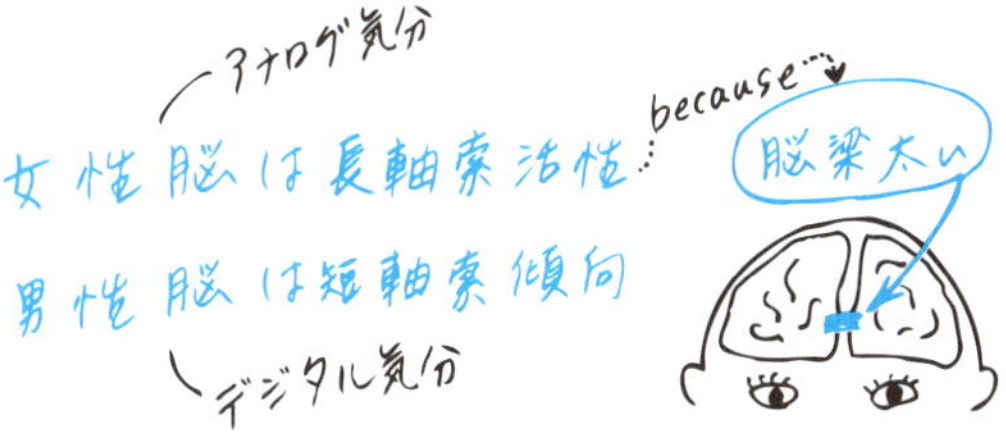

男性脳とデジタル気分

一方、右脳と左脳をつなぐ軸索の束＝脳梁《のうりょう》が女性よりも20パーセントも細い男性脳は、比較的デジタル気分になりやすい傾向にある。

このため、男性は、おおむね数字や権威が好きだ。必然性のある展開をよしとする。「わかりやすい一番」に最短でたどり着くのが気持ちいいので、「同期で一番に部長になった」なんていうことはけっこううれしいはずである。「世界最高速」「世界最大容量」「プロ仕様」「アメリカ軍も採用」などという、だれもが納得する効能をうたう文句にも弱い。

逆に女性のほうは、「部長に」と言われたら、「まだ働かす気？」とムッとするのが関の山。出世とか肩書きにはあまり魅力を感じない女性たちを評価するのなら、「彼女だけの特別」を褒めたり、「彼女だけのこだわり」に一緒にこだわってやることだ。「君が段取りすると、流れがスムーズだね」とか「書類に貼ってくれる付箋《ふせん》の貼り方がいい」とか。

その昔、私の同僚に、印鑑がまっすぐに押されていないと気持ち悪いと主張する女性がいたが、彼女が絶大な信頼を寄せる上司は、彼女が目を通す書類には、必ず定規を使って印鑑を押してやっていた。

「君、ここのメロンパンが好きだったよね?」と、言った本人も忘れたようなことを覚えていてくれる営業マンも絶大な人気があった。

印鑑一つ、メロンパン一個と侮ってはいけない。女性は、特別扱いされたことは決して忘れない。長くえこひいきをしてくれるので、いろいろなことがスムーズになる。

女性は特異点で心を動かす

自分だけの特別に気づいてくれること。自分だけのこだわりに、同じようにこだわってくれること。特別を愛し、共感を欲するアナログ気分の脳たちが、欲して止まない対応なのである。このことは、職場の女性たちのみならず、女性市場もそうなのだ。もちろん、恋人や女房だってそう。肝に銘じてほしい。

ちなみに、おもしろいことに、女性たちは案外自分だけが一番じゃなくてもいいのである。自分の好きなメロンパンを覚えていてくれた翌日、ほかの女の子にチョコデニッシュを買ってやっていても問題はない（ただし、恋愛感情のある場合を除く）。

また、「一番」がいくつあってもかまわない。女性たちは、「グラマーもいいけど、スレンダーもね」という感じに、お互いに褒め合って暮らしている。だから、商品も多様化しているほうがうれしいのである。

男性はよく、「このデザインなら、メタリックシルバーが一番」などと言いたがるが、女性は「私はピンクだけどあなたは黄色？　それもいいわねえ」と屈託がない。違っているほうが、お互いに特別だからうれしいのである。このため、「だれも買わないだろう」と思うようなカラー展開の商品が意外に受けたりするのが、女性市場だ。実際に「外れた色」そのものが売れなくても、「そこまでのカラー展開！」と目を引く効果は否定できない。

わかりやすい努力点に、肩書きや対価のようなわかりやすい評価を与えてほしい男性脳。自分だけの密かなこだわりに、さりげなく共感してほしい女性脳。

このため、男性から見れば、「20年以上も毎月給料を渡して、大きな裏切りもなく、毎日帰っているじゃないか。それで充分結婚生活を担保しているはずだ」と思っていても、「私が嫌だと言ったのに、毎日靴下を脱ぎ捨てにする」「私が盲腸だったのに、仕事に行った」というささいな「特異点」で熟年離婚宣言されてしまう。彼女たちにとって大事だったのは、「私が嫌だと言ったことを守ってくれる」とか「私が心細いときに、そばにいてくれる」だったのだろう。


女性は特異点で心を動かすのだ。特異点に反応しにくい男性脳にとっての女性市場の難しさは、こんなところにある。逆にいえば、ニッチな市場を狙うのなら、女性市場は敏感に反応してくれるので、やりがいがある。

しかし、自分の女房や自社の女性社員の特異点さえ認識できないようじゃ、女性市場を読むのは困難だ。まずは「ローカルに学べ」である。女房や女性社

員を満足させることができたら、女性市場を凌駕《りょうが》することもたやすい。なぜなら、一人の女性が心底心地よいと感じることは、多くの女性の心も打つからだ。

商品にバリエーションは必要だが、そのバリエーションのすべてが、だれかの心をしっかりとつかむことを確認すること。女性市場をリサーチする際に大事なのは、多数の女性の共通意見を見つけ出すことではない。だれかが強く感応した特異点を探し出すことだ。

アナログ／デジタル比率で世の中を読む

こうして、男女の違いで、脳の二大気分の違いを説明すると、なるほどと納得してくれる読者も多いと思う。

しかしながら、この男女脳論は、世の中の「男性」とか「女性」を大くくりしたときに見えてくる性質である。あなた自身や、あなたのパートナーが、常にそうであるかどうかは保証できない。

なぜなら、すべての人間が、脳の中に長軸索リンクと短軸索リンクを持っているからだ。人は、時と場合によって、アナログ気分になったり、デジタル気分になったりして暮らしているのである。

女性でも、会社の会議室ではデジタル気分になるし、男性でも、恋人と一緒ならアナログ気分になる。あるいは、一生のうち、子ども時代にはアナログ気分が強く、働き盛りにはデジタル気分が強く作用したりする。

一日で見たときの、あるいは一生で見たときのアナログ気分の比率は、総じて女性脳のほうが高く、男性脳のほうが低い。だから、女性市場はアナログ気分に留意しないと凌駕できない。

客観と合理化を旨とする産業構造の中では、男女ともアナログ気分の比率が低くなる。だから、会社の会議室で新商品を生もうとすると、なかなか発想が湧かないのである。

こうして、個で見ればばらつきのあるものも、大衆という単位で見たときにある傾向を示す。「大衆」とか「時代」として見えてくるものは、個の脳の潜在意識のあぶり出しなのだ。

時代に目を転じてみよう。

大量生産・画一化時代には、究極のデジタル気分で走り抜けるしかなかった産業界も、今では適量生産・多様化時代に入り、現場の豊かな発想力を必要としている。産業構造自体が、21世紀に入り、デジタル傾向からアナログ傾向へとシフトしているのである。

しかし、生来の傾向がデジタル気分である男性脳の場合、産業構造がデジタル気分からアナログ気分に変わっても、その風潮に乗ることはにわかには難しい。「考えるな、感じろ」と言われても、なにせ、その「感じること」自体がデジタル気分なのだから始末に悪いのだ。

そのジレンマは、「デジタル気分になりやすい男性脳が、デジタル気分を欲した量産社会に生きてきた」ために起こったものである。したがって、産業構造の変化に直撃されたのは、バブル期を駆け抜けた40代後半から50代の企業戦士たちだった。その世代を尻目に、30代のベンチャー社長たちが軽やかに勝ち組になっていくのは、バブル期の超デジタル気分の洗礼を受けていないからという見方もできる。

ヒトには、二つの気分があり、自分はどうもデジタル気分にかたよっている。そのことに気づくだけでも、明日からのビジネスライフが変わるはずである。「考えるな、感じろ」と呪文のように唱えても、デジタル気分で感じていてはなんの解決にもならない。

バブル期の超デジタル気分の洗礼のおかげでジレンマを感じているのは、男性だけではない。

社会的な外面をデジタル気分で武装した、実のところ超アナログ気分な女性たちがいる。このギャップには本人も気づいていないこともあり、ときに非常に歪んだ形で内面の気分を噴出させることもある。

以前、一流企業のキャリアウーマンが、夜な夜な娼婦のまねごとをしていて殺された事件があったが、彼女が自らに内在するアナログ気分を許すことができたら、もう少し正統派の女の幸せを手に入れられたのに、と残念でならな

い。

男女雇用機会均等法施行前後に、親や社会の期待を一身に受けて就職したキャリアウーマンたちに、このデジタル気分で武装した超アナログ気分の女性が多く見られる。彼女たちはおそらく少女期に、早々とアナログ気分を否定している。それを、持て余したまま抑え込んでいるので、内情は、意外にアナログ気分が強いのである。

このため、膨らんだ自我と、客観的な評価を欲する気持ちとを持ち合わせているので、出世もしたいし、特別だとも言われたい。ナンバーワンにもオンリーワンにもなりたいのである。どちらも手に入れないと勝ちとはいえないので、そこそこに裕福な人生を送りながらも、自分たちを「負け犬」と呼ぶ。そうして、自らの女性性を解放できないのを、「最近、いい男がいない」せいだと思い込んでいる。

最近、派遣社員と正社員の女性の対立が話題にされているが、この対立は、すでに20年前にもあった。仕事にがんばる競争意識の強い女性たちが、仕事も人生もどちらも大切にする共感型の女性たちを軽蔑してけん制するのである。アナログ気分を漂わせる「そこそこの女性」たちに、抑え込んできたアナログ気分をつつかれてうずくからだ。とはいえ、量産画一型の産業構造のうちは、会社もデジタル気分のがんばる女性たちを尊重した。「そこそこ」の女性たちに、がんばる女性たちも優しくできる余裕があったのである。

適量多様型の産業構造では、「そこそこ」の女性たちの新発想がヒットを飛ばしたりする。超アナログ気分を内在しながら、会社ではデジタル気分から抜け出せない女性たちは、それくらいのポテンシャルは自分にもあったのに、と悔しがることになる。

こうして、がんばってきた女性が、「そこそこ」の女性たちをけん制せずにはいられないのが現代だが、この年代の上には、逆の、家庭に入った女性たちが、仕事にがんばる女性たちをけん制した時代があったのである。

社会が女性登用に熱心でなかった時代、デジタル気分を抑えて、家庭に入るしかなかった高学歴の女性たちが、「幼子を預けて働くと、将来、犯罪者にな

る」などと言い募って、働き続ける女性たちをけん制した。１９８０年代の働く女性たちは、世間の非難ごうごうの中、健気《けなげ》にキャリアをつないだのだ。女の敵は女、とさえいわれた時代だ。

残念ながら、企業人と生活者の二つの選択肢を持つ女性たちは、時代の気分にほんろうされて、常に対立する運命になるらしい。かつては、デジタル気分が強かったので、アナログ派が噛みついた。今は、アナログ気分が強まる時代なので、おびえるデジタル派が噛みつくことになる。

残念ながら、脳の潜在力には、あまり個人差がない。時代の気分と自分の脳の気分を、いかに合わせるかがポイントなのだ。１９９０年代に「頭がいい、センスがいい」ともてはやされた女性は、自身が優秀だったというよりは、脳の気分が時代のデジタル気分に合っていたというだけのこと。

今は、時代のアナログ気分にチューニングしなければ、もてはやされはしない。周囲が冷たいのは、年を取って美貌が衰えたからだけではないのである。アンチエージングのケアとは別に、脳の気分の転換をはからなければならない。

時代の気分には周期性がある

ここまでの説明で、「時代」にも、デジタル気分の時代とアナログ気分の時代とがあることを感じていただけたと思う。

そう、時代にもアナログ気分とデジタル気分がある。大衆全体がアナログ気分を呈するときと、デジタル気分を呈するときがあるのである。

何度もいうようだが、個人を定点観測しても例外は多い。個ではなく、大衆全体を見つめたときに、アナログ／デジタル気分が匂い立つのだ。

改めていうまでもないが、1999年の感性の転換点は、デジタル時代から、アナログ時代への転換点だったのである。ネーミングの現場での、子音（デジタル音）から母音（アナログ音）への転換は、私におもしろいことを教えてくれたことになる。

さて、アナログ気分とデジタル気分は、だれの脳にも内在する気分である。

人類が１９９９年以前に何千年もデジタル気分でやってきて、今後何千年もアナログ気分でやっていくとは考えにくい。ニューロン軸索の長短で分ける方法では対極になる二つの気分しかないのであるから、この二つの間を、行ったり来たりしていると考えるほうが自然である。

しかも、人間には「飽きる」という才能がある。飽きる周期にのっとって、二つの気分は、おそらく正弦波のような傾向を描くのではないか……。私はそう考えた。しかし、「飽きる」という周期は、脳科学の成果としては、この時点では、世の中に出ていなかった。

そんな中、私は、自動車のデザイントレンドから、アナログ／デジタルの周期説を打ち立てていた菅原健二氏に出会ったのである。

氏いわく、自動車には、丸いティアドロップ型のグラマラスラインと、四角いくさび型のシェイプラインの流行が存在し、最も丸くなるときと、最も四角くなるときの間は28年間。すなわち、28年をかけて、少しずつ細部が変化し、完全なる対極へと向かうのだ。

この28年間は、7年ごとのブロックによって構成されている。自動車の各部位が、7年ごとの変化ブロックを4回重ねて、まったくの対極へ向かうのである。直近で最もシェイプラインにかたよったのは1985年頃、その前のグラマラスライン全盛が1957年頃。自動車デザインの次のグラマラスピークは、2013年頃と予測されている。

しかも、例の1999年は、7年ごとのブロックの変わり目に当たり、シェイプラインがグラマラスラインに転換した年として、菅原氏もエポックメイキングな転換点に設定している。

菅原氏の周期説については、膨大な自動車のデータが、見事にその周期説を裏づけている。菅原氏は、ファッショントレンドやその他の流行にも、この28年周期説を適用し、数々のヒット商品を生み出している。この辺りは、菅原氏のご著書『ささいなことから時代《トレンド》が見える――28年周期で大変化』（繊研新聞社）に詳しいので、興味のある方はぜひご一読願いたい。

私は、大衆の気分の周期に、この7年ブロック×4の28年説を取り入れさせていただいた。

アナログ気分が28年、デジタル気分が28年。私の場合は、それを正弦波カーブで描くので、数学的には56年周期ということになる。

7という不思議数

菅原氏の7年ブロックによる28年説を取り入れたのには、私なりの裏づけがあった。7年という変化ブロックは、脳科学上、非常に妥当な単位だからだ。アナログ気分／デジタル気分の周期を探す際に、私がまず初めに着目したのは、7という数字だった。

7は、認知科学でマジカルナンバーと呼ばれる特殊な数字である。7つの記号は、ヒトが容易に短期記憶できる最大数といわれている。

その昔、日本電信電話公社が電話番号を決めたとき、市外局番を除いた部分が7桁を超えないように、市外局番の区域を設定した。大多数の人間が、口づてに聞いて、回転式のダイヤルを回し終えるまで覚えておける電話番号は7桁までとされていたのだ。実際に7桁を超えると、覚えておける人数が劇的に減るそうだ。

認知科学では、マジカルナンバー7は、容易に短期記憶できる最大数であり、転じて、データが7つ揃うと、なんとなく「一巡した」「すべてを把握した」感のする数とされている。「7つの海を越えて」といえば、実際の「7つ」ではなく、世界中の海を凌駕したことを指す。

7という不思議数。脳内で何かが7回カウントされると、その脳に「一巡した」感を醸し出す数である。おそらく、脳の中の、非常にプリミティブな認識機構が関与していると思われる。

不思議数は、脳の「飽きる」周期を見つけ出す上において、重要なヒントになると考えられた。この7という数を踏まえた上で、2003年、私は「ヒトは地球の自転と公転をカウントしている」という事実を知ったのだ。

そうであるならば、自転を7回カウントする「7日」と、公転を7回カウン

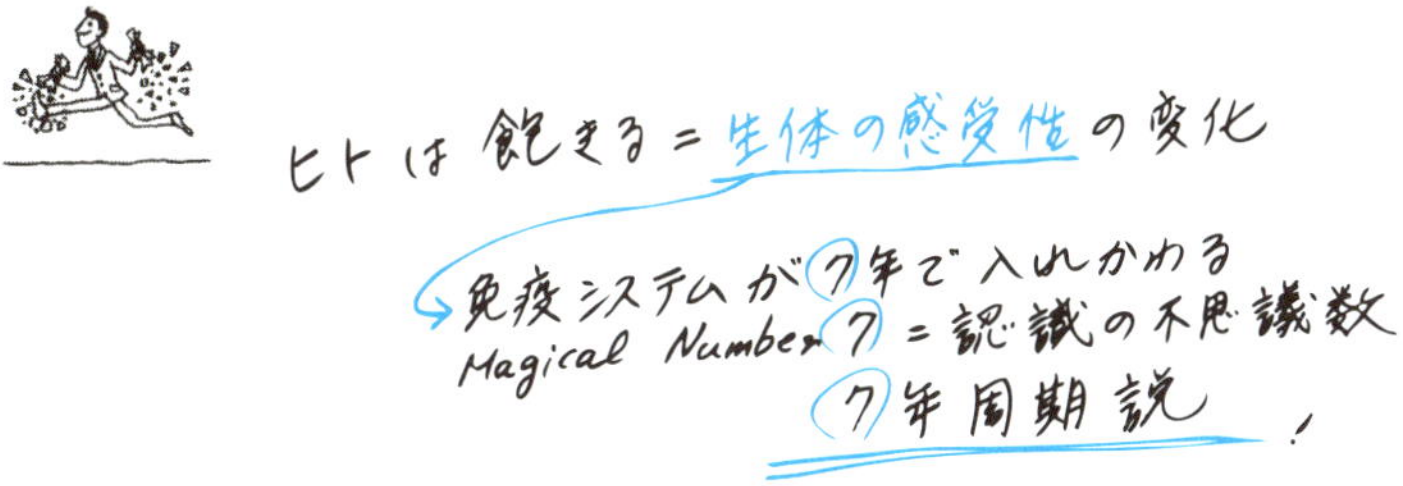
ヒトは飽きる＝生体の感受性の変化
免疫システムが7年で入れかわる
Magical Number 7＝認識の不思議数
7年周期説！

トする「7年」は、ヒトの脳にとって、一巡した感のある、一塊の感性ブロックである可能性が高い。

「7日」のほうは、太陽暦の一週間の単位でもあるし、4倍すれば月の公転周期に近い。女性の月経の周期にも近いので、「7日」×4の周期が、私たちの脳と身体を上手に刻む単位であることは間違いない。

では、「7年」のほうはどうかと調べてみると、ヒトの骨髄液の入れ替わりが7年単位であることがわかった。骨髄液は、日々少しずつ入れ替わっていくのだが、7年でまるまる入れ替わることになる。つまり、7年以上前の骨髄液は残っていないのだ。これに伴って、免疫システムも7年で変化する。例えば、アトピーを発症した年から7年おきに、アトピーが完治しやすい年がやってくるそうだ。

生体の外界に対する反応を決める免疫システムがまるまる入れ替わるということなら、脳の気分が変わってもおかしくはない。「アトピー発症の年から7年おきにアトピーが消える」というが、これを「生体環境にとってエポックメイキングな年から、7年おきに脳の気分が変わる」と置き換えれば、「7年目の浮気」は理にかなっていることになる。

こうして「7年」に着目したものの、7年でアナログ／デジタルの変換がやってくると仮定すると、どうしても世の中の現象とは一致しなかったのだ。

菅原氏の7年×4＝28年説を目の当たりにしたとき、私には、大きな衝撃が走った。「7日」のほうは4倍してひと月という単位を持つ私たちの脳である。同じように、「7年」を4倍する一塊を認知しやすいと考えてもいい。

ここで問題にしているのは、7日とか7年という時間の幅ではない。カウント数が7個で「一巡した」と感じる脳の機能のことなので、「7日」と「7年」に大きな差はないのである。当然、「7日」を4倍して一塊にする以上、「7年」にもその癖があると仮説を立ててもおかしくはない。

そうして、菅原氏のリサーチによれば、この「7年」×4＝28年の周期に、自動車のデザインもアパレルデザインもきれいに乗るのである。この周期を、ヒトの脳の「飽きる」周期として位置づけることを否定する要素はないように

思われる。

ちなみに、「ヒトは地球の自転と公転をカウントしている」という事実を発見したのは、角田忠信博士である。30年ほど前に『日本人の脳』（大修館書店）という衝撃的な本を発表した医学博士（当時は東京医科歯科大学教授）だ。この本はベストセラーになっているので、ご存知の方も多いと思う。

角田博士は、ヒトの聴覚を研究していて、日本人特有の脳の構造を発見する。それは、日本人とポリネシア語族の人々だけが、母音を左脳で聴くという事実だった。

前述のように、母音はアナログ音である。母音は、声帯という、表面にしわのある複雑な形状の部位を響かせて出す音のため、異なる方向への音ベクトルが微妙に重なった、複雑系の音響波形を持っている。このことは、複雑系の形状を持つ自然物にもいえる。木の葉がカサコソという音や虫の音も、同様に複雑系の音響波形を持つのである。

母音を左脳（言語脳）で聴く日本人は、葉ずれの音や、小川のせせらぎ、虫の音を言語脳で聴く。このため、日本人は、自然界の音に、共通の情緒的なメッセージを見出すのだ。映画のあるシーンに、アブラゼミの声（ミンミン）を入れるのか、ヒグラシの声（カナカナ）を入れるのかでは、メッセージが違う。日本人なら、その違いを、まるでキャプションが入ったかのように、ほぼ全員が受け取ることができる。

欧米人は、母音を右脳で聴く。なんと、雑音と同じ領域である。虫の音や、葉ずれの音に、共通のメッセージを託すことは難しい。日本映画のセミの声を、海外ではうるさいから消してくれと言われる、という噂もまんざら嘘じゃないと思う。

角田博士は、聴覚の実験を重ねるうちに、さらなる興味深い発見をしている。そのうちの一つに、「ヒトの脳には、特別に反応する固有振動数がある」という発見がある。40ヘルツと60ヘルツの整数倍の周波数の音に、ヒトの脳は反応している。脳の持ち主は気づいていないのだが、脳は明らかに反応するの

だ。

ヒトはまた、自らの満年齢の整数倍の周波数にも反応する。41歳なら、41ヘルツ、82ヘルツなどに反応するのである。さらに、7年間にわたる数名の追跡調査の結果、ほぼ全員が誕生日の朝7時20分前後に満年齢の固有振動数がカウントアップすることもわかった。つまり、私たちは、「誕生日の回数」を知っているのである。

夜生まれた被験者も、朝生まれた被験者も誕生時間に関係なく、一日の同じ時間であるということは、脳が「時間の長さ」を測っているのではなく、自転のような共通のイベントをカウントしていることを示唆している。その上、ヨーロッパへの移動が多い被験者は、固有振動数がずれているというのだ。自転に逆らって旅をすることは、カウント数を混乱させるのだろう。

このような見地から、ヒトは、誕生日の回数（公転）と、自転とを感知していると、角田博士は結論づけている。

これがブレイン・サイクルだ

１９９９年をデジタル／アナログ転換点と見た、脳の気分の56年周期を実際にグラフにしてみると、左図のようになる。

ちなみに、ここで扱うトレンドの波は、大衆全体に気分が蔓延し始めた年（無関係な各所で同じ現象が認められ始める年）をキャッチアップしている。実は、感度の高いデザイナーやプランナーたちは、この波よりも３年ほど早く気分を察知しているのだ。

例えば、自動車のデザイナーたちの手元で、デザイントレンドが変化しだすのは、実際に自動車の売れ筋が変わる3年ほど前。パリコレにアパレルのデザイントレンドが見え始めるのも3年ほど前になる。このため、デザイナー部門の方は、波を少し前倒しに読んでいただくほうがピンとくるかもしれない。

生産工程が圧縮され、インターネットによって口コミが世界中に広がる昨今

ブレイン・サイクル（大衆の共通感性）

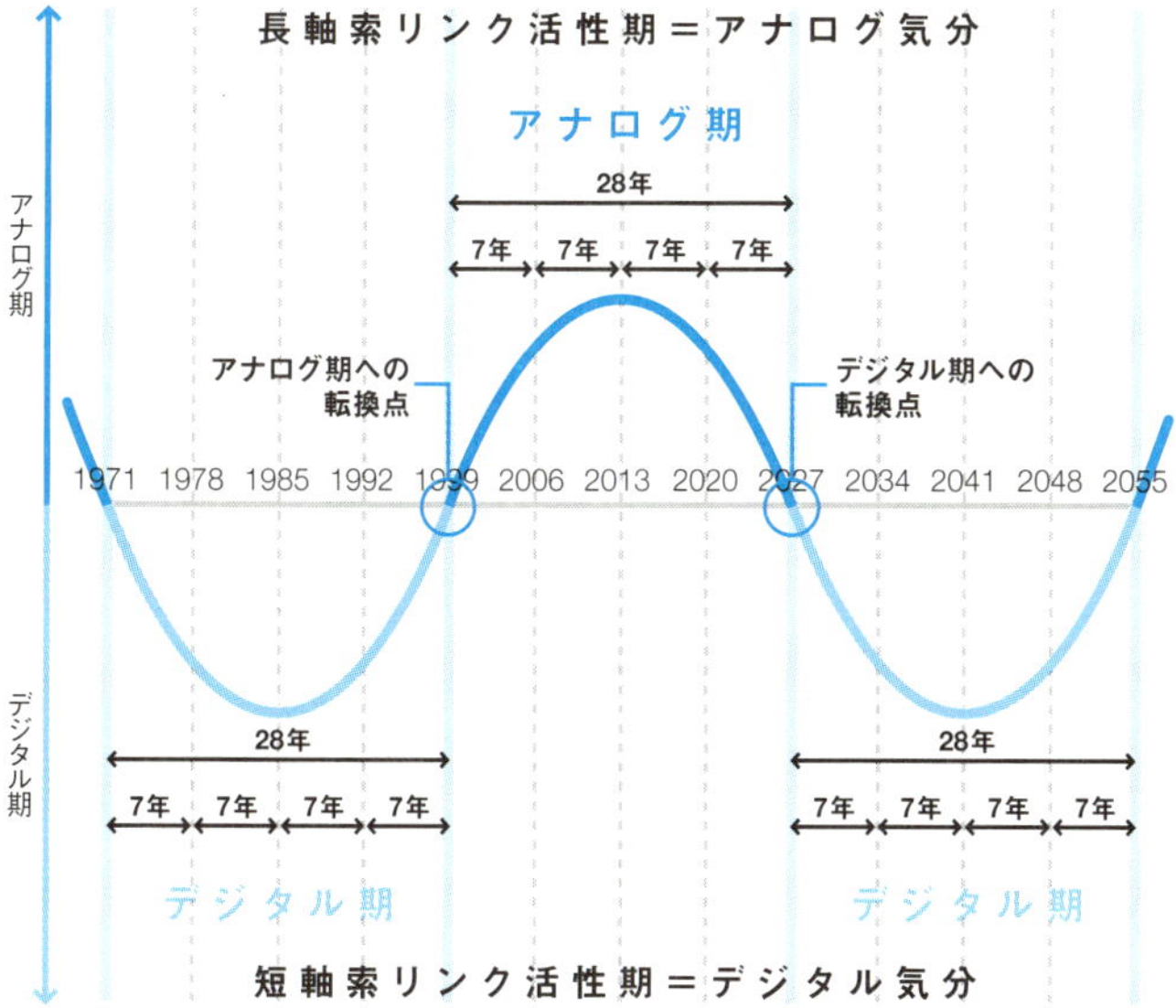

■ 大衆の脳は、28年のデジタル気分と28年のアナログ気分を56年周期で繰り返している。

■ 1999年、時代はアナログ気分（女性脳期）に突入。産業構造は、「大量、画一、マス」から「適量、多様、パーソナル（口コミ、通販）」へでは、この「感度の高いデザイナー」から「一般大衆」への3年間のタイムスパンが短くなりつつある。市場や製品特性によっては、56年前よりも1～2年前倒しになっているカテゴリも認められているので、企画開発の現場にいる方は留意してほしい。

次節では、ブレイン・サイクルの読み解き方を語ろう。

3 感性トレンド

感性トレンドと二つのビュー

ブレイン・サイクルに、具体的な意識傾向すなわち、気分のキーワードを当てはめたものが、感性トレンドである。

ブレイン・サイクルは、アナログ気分の起承転結（黎明《れいめい》期／ブレイク期／展開期／終焉《しゅうえん》期）と、デジタル気分の起承転結（黎明期／ブレイク期／展開期／終焉期）の繰り返しを表したものだが、実際には、アナログ気分黎明期といわれただけでは、大衆の気分はつかめない。アナログ気分黎明期には自我の発達の初期段階によく似た気分になり、「自我に目覚め、癒しを求めつつ、自分探しをする」。このようなキーワードでなら、商品開発にインスピレーションを与えることができる。こうして、ブレイン・サイクル全期に対し、インスピレーションを喚起するキーワードで書き下したものが感性トレンドなのだ。

感性トレンドには、二つのビュー（見方）がある。基本になるのは、アナログ気分／デジタル気分の属性で区切るビュー。61ページでお見せしたブレイン・サイクルの正弦波を、値域の正と負で分ける見方だ。このアナログ／デジタル属性のビューを「A／Dビュー」と呼ぶ。

これとは別に、ブレイン・サイクルの正弦波を、トップ（最大値）からボトム（最小値）への28年と、ボトムからトップへの28年で区切るビューが存在する。これは、大衆のソフト志向／ハード志向を表出している。このソフト／ハード属性のビューを「S／Hビュー」と呼ぶ。

S／Hビューは、あとで詳しく説明するが、大衆のソフト志向（ブツより用途の時代。市場ニーズ、コンテンツ重視）とハード志向（理屈抜きでカッコイイものに憧れる時代。科学技術重視）をあぶり出しにする。

このため、S／Hの転換点は、特にメーカーが気をつけなければならない。来る2012年で、長らく続いたソフト志向が終わる。今までの習慣で、市場ニーズにおもねりすぎていると、競合他社の「理屈抜きのカッコイイ製品」にしてやられることになる。

A／Dビュー

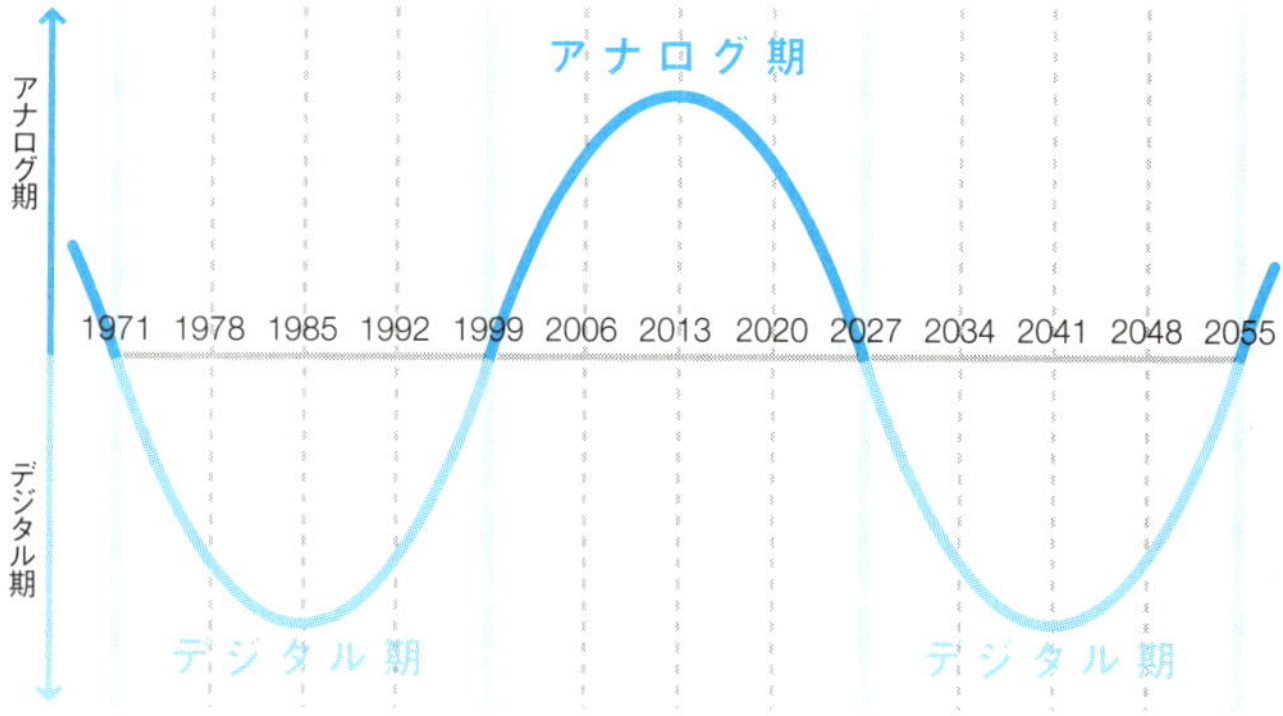

アナログ期
アナログ期
1971 1978 1985 1992 1999 2006 2013 2020 2027 2034 2041 2048 2055
デジタル期
デジタル期
デジタル期

S／Hビュー

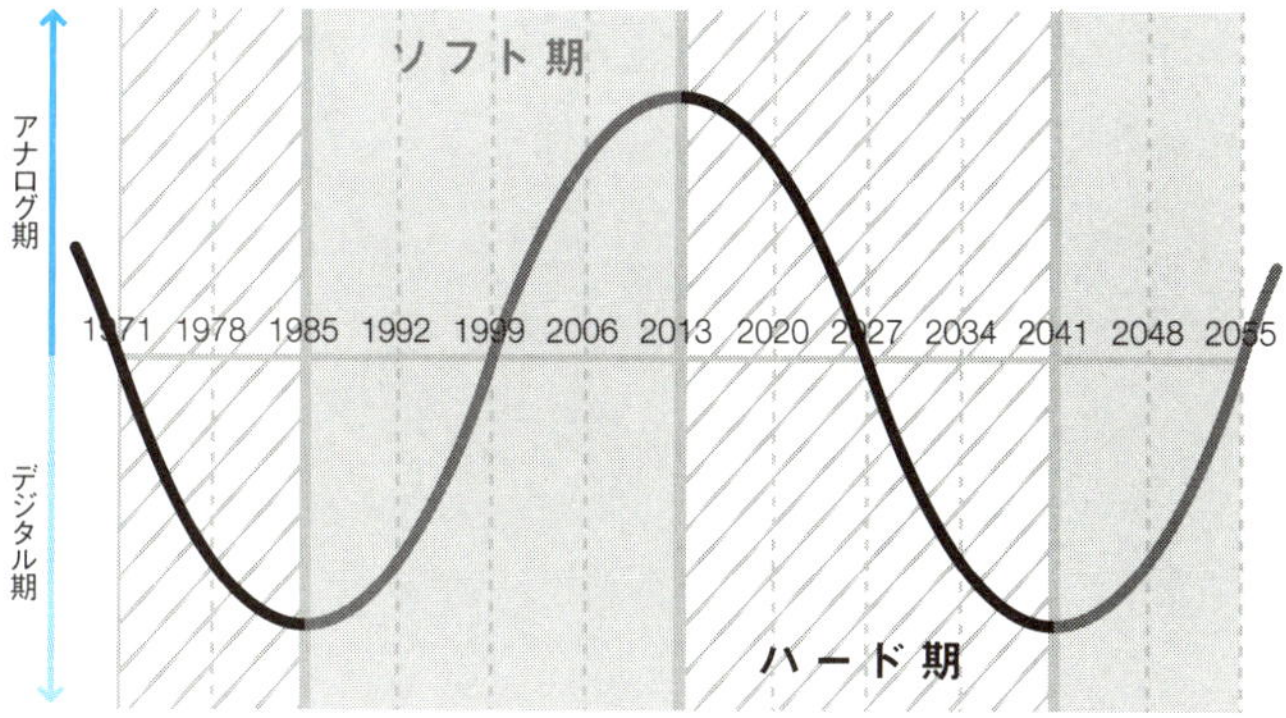

ソフト期
アナログ期
1971 1978 1985 1992 1999 2006 2013 2020 2027 2034 2041 2048 2055
デジタル期
ハード期

A／Dビュー

アナログ期

大衆全体のニューロン長軸索リンクの活性期に当たる。

7年の黎明期、7年のブレイク期、7年の展開期、7年の終焉期による起承転結の流れを持ち、全体で28年間の期間となる。

直近では、1999年にアナログ気分が始まった。2006年から二期目のブレイク期に入っている。

個体の脳のアナログ気分は生理状態によって比率が違う。アナログ期にもデジタル気分比率が高い個人は当然いるが、それでもアナログ比率が上がるため、大衆全体ではアナログ気分を呈するようになる。

アナログ気分は生来の女性脳に強く出やすいため、アナログ気分に転換した翌年の2000年には「市場が女性化した」といわれ、社会学者によって「男《お》

［A ／ Dビュー］ アナログ期

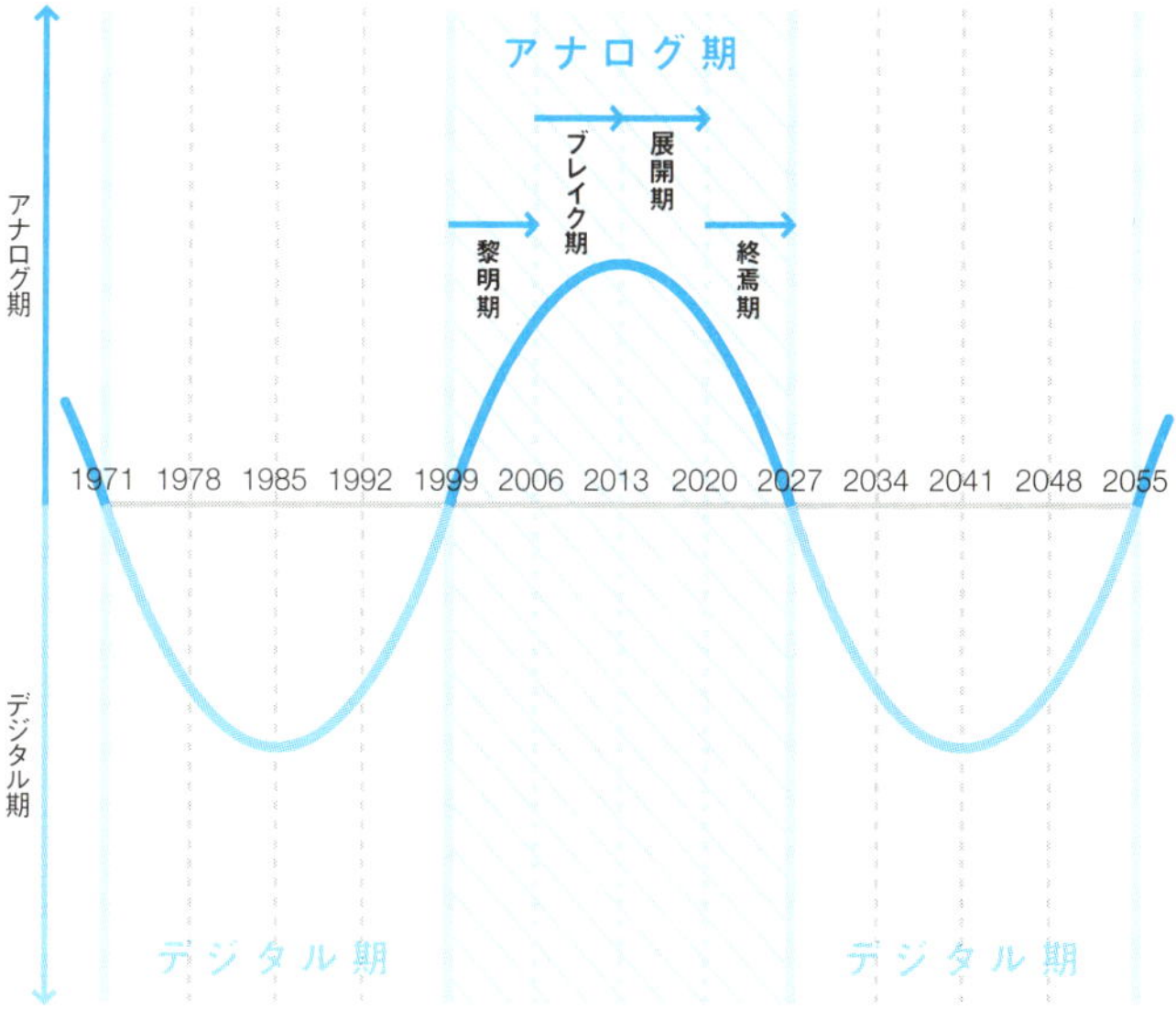

黎明期＝癒し：人間性を蘇らせる（癒しを求める）

ブレイク期＝気品：人間性あふれる自分を味わう

展開期＝トラディショナル：スタイルを自他に強いるようになる
→ソフトからハードへの展開

終焉期＝円熟の時代：押しつけがましさに疲れる
→旅にでる

時《どき》から女時《めどき》に変わった」などと表現された。しかし、実際には男性が女性化したわけではなく、個々人のアナログ気分が少しずつ比率を上げ、大衆全体がアナログ気分を呈したのである。

皮質を超える長い軸索は、離れた概念を一気に結びつける。複雑系（自然、アナログ）の事象を認識するには、この長い軸索が必要不可欠だ。形状、動き、素材感、色、音など、アナログデータは複雑なベクトルの組合せを持っている。私たちは、そこから、危険察知や生存可能性を上げる予兆のような、高次の情報を読み取らなければならない。自然界や人間を見つめるとき、私たちの脳は各所が活性化し、それを長軸索が一気に結びつけているのである。

また、長い軸索の中には、右脳と左脳を結び、脳の感じる領域（潜在意識）の出来事を、考える領域（顕在意識）に伝えているものがある。これらは、直感やつかみの立役者である。

このため、この長い軸索が活性しているとき、ヒトは自然を愛し、個性やばらつきを愛しいと思い、感じることを大切にし、直感やつかみで物事を判断したがる。他者とは共感することを好ましいと感じる。

　視覚的には、自然素材や複雑な形状への好感度が高く、概念的には、多様、例外（限定、特別）、紆余曲折や意外性のある展開が心地よいと感じている。紆余曲折のある展開とは、ゴールまでの道のりがまっすぐではなく、ドラマティックなこと。

　例えば、「注文してもすぐ手に入らない」というのは、長軸索活性脳には心地よいことなのである。「注文をお受けしてから、あなたのために30日間熟成してお届けします」「しかも、今だけ限定であなたのお名前をお入れします」などという展開にうっとりするのは、長軸索活性脳の特徴。これに対し、短軸索活性脳には、「同じ品質のものが、即、手に入る。世界中で、同じサービスを受けられる」などが心地よく感じる。

　ちなみに、紆余曲折と意外性がミックスされているのが、２０００年代前半に世界中で注目された韓流ドラマである。親同士が反目しあっている男女が運命の出会いをし、ライバルの陰謀を乗り越えてやっと結ばれたと思ったら、どちらかが交通事故による記憶喪失か、不治の病にかかって絶望する。その上、兄妹かもしれない疑惑が降ってわく……。どのドラマもこのバリエーションに過ぎないような時期もあった。落ち着いて考えればかなり不自然な展開だが、アナログ期の脳は観ていて気持ちいいので夢中になってしまう。

また、エロカッコイイ、キモカワイイなど、通常は一緒にしない概念の組合せをおもしろがるのも、意外性を好む長軸索活性脳の特徴だ。


この時期、市場では、商品が多様で、「今だけの限定」とか「あなただけの特別」などが演出される。なかなか手に入らないし、ようやく注文してからも待たされる。手に入れれば、友達に自慢したくなるから、口コミでじわじわと広がる……。デジタル時代には、想像もつかなかった市場の動きである。

これに対し、グローバル戦略で商品規格を画一化し、迅速かつ品質一定のサービスを目指したデジタル期には、市場側も「同品質、迅速」を欲し、ブランド品を競争して買ってくれた。製造側の要件と、買う側の感性の足並みが揃っ

ていたのだ。

しかし、製品の多様化や、例外・紆余曲折・意外性の演出が必要なアナログ期の市場の感性傾向は、大量生産のラインを抱える一流メーカーには明らかに逆風である。デジタル期とは売れ方が劇的に変わってしまうので、デジタル期に成功した大手メーカーのビジネスパーソンほどショックが大きい。

しかし、「何をすれば、逆向きになれるか（逆風を順風に変えられるか）」を正しく把握すれば、ピンチもチャンスである。この本で感性トレンドのアナログ気分／デジタル気分の特徴を把握したら、自らのビジネスのアナログ特性／デジタル特性をチェックすることをお薦めしたい。現在（2007年）は、アナログ気分ブレイク期に当たるので、事業のデジタル特性のいくつかをアナログ特性に転じてみると「目からウロコ」もありえる。

また、デジタル期の成功企業の経営陣は、この時期、女性の意見に耳を傾け、若手プランナーのよくわからないと感じる企画を、四の五の言わずに通してみるべきだ。

その際、デジタル期の機軸で評価することはナンセンスなのを肝に命じてほしい。「数値で証明しろ」だの「結論から言え」だの言っていると、職場から、せっかくの長軸索リンクが消えてしまう。職場の脳すべてが短軸索リンクで動いては、アナログ期には危ないのである。

部下の長軸索リンクを活性化するためには、要領の得ない話をおもしろがって聞いてやり、おいしいものを食べさせ、直感的な提案を水をささずに通してやることである。この手法をかったるいとバカにしてはいけない。

今期のアナログ気分に乗ってブレイクしたブランドのサマンサタバサジャパンリミテッド・寺田和正社長は、若手デザイナーのセンスを育てるために、「こりゃ、売れない」と思っても通してやることがあるそうだ。

しかし、その「売れないと思った」商品が意外にヒットしたりするからおもしろいと言う。アナログ期には、管理経営サイドにこれくらいの余裕がなければ、ヒット商品は出せない。なぜなら、アナログ期に「計算ずく」は逆風なので、「計算外」を作らなくてはならないからだ。だれかがいいと思った特異点

に賭けてみることも、ときには必要なのである。

まじめなビジネスパーソンほど割を喰って途方に暮れるアナログ期前半には、ビジネス書に精神論が増える。「ビジネスは人だ」とか「部下の人間性を育てろ」のような論調だ。これらは、ビジネスの普遍のセオリーに行き着いたというよりも、部下の人間性を信じて任せてみることが、アナログ期前半の「途方に暮れたビジネスパーソン」の有効手段の一つだからだろう。

かたや、デジタル期には「人間性」などビジネスから弾き飛ばされる。今後も、デジタル期には、グローバル化のための合理的な手法で、ビジネス書の棚が埋め尽くされるだろう。おそらく、２０３０年代のビジネス書のコーナーには、１９８０~９０年代のように汎用の構築技法と評価技法の本が並ぶはずだ（本屋という〝愛おしい〟購買形態が存続されているのならの話だが）。

デジタル期の成功事例を活用したい方は、２０３０年頃にビジネス書を出すと時代の波に乗れる可能性が高い。それまでは、残念ながら逆風である。女性や若手に頼って、なんとかやり過ごそう。

複雑系	アナログ 自然 人間性
デコラティブ	グラマラスライン 模様、多色使い 異素材ミックス、リボン フリル、エッジ、包む、重ねる

グラマラス

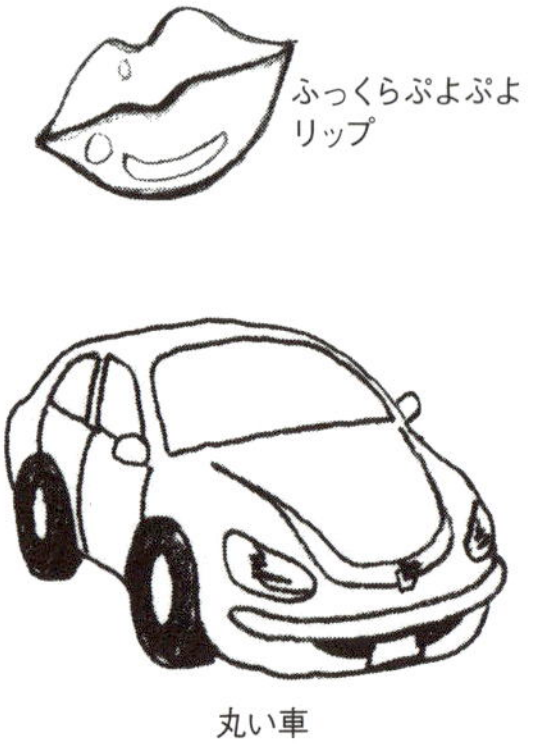

異素材ミックス

アナログ期に好感度が上がるもの

ドラマティック	多様 例外・特別 紆余曲折 意外性
共感、情報交換	ロコミ

紆余曲折

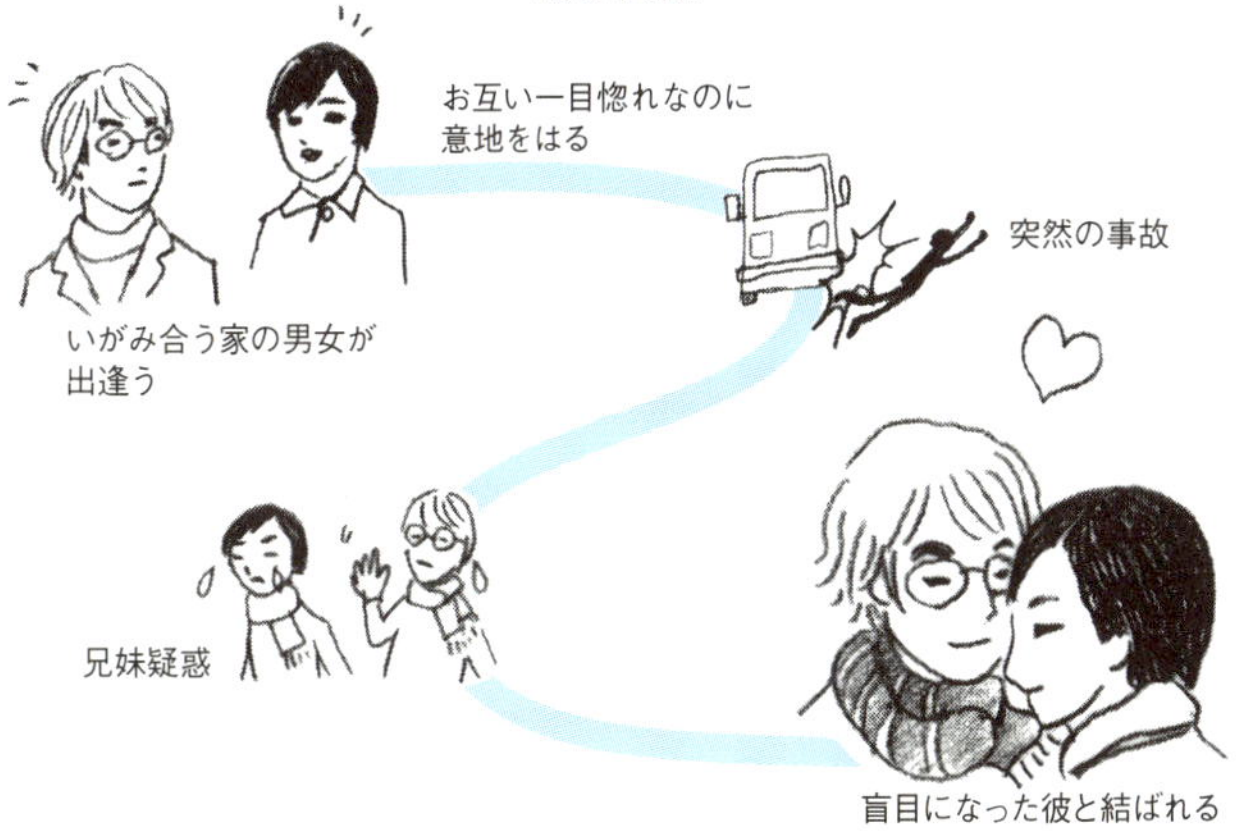
いがみ合う家の男女が
出逢う
お互い一目惚れなのに
意地をはる
突然の事故
兄妹疑惑
盲目になった彼と結ばれる

●デジタル期

大衆全体のニューロン短軸索リンクの活性期に当たる。

7年の黎明期、7年のブレイク期、7年の展開期、7年の終焉期による起承転結の流れを持ち、全体で28年間の期間となる。

直近では、1971〜98年がデジタル期だった。次のデジタル期の突入年は、2027年である。

皮質を超えない短い軸索は、隣接した概念を結びつける。接続距離が短いのでエネルギー効率がよく、高速処理ができる。つまり、白黒つけやすい知識を高速で積み上げるのが単軸索リンクの役割だ。数値計算、論理計算（三段論法のような考え方）、人工物の形状認識などの際に、がぜん、活躍する。

このため、短い軸索が活性しているとき、ヒトは、合理的で計算高くなる。だれもが納得するゴールに、最小コストで到達することを歓びと感じるようになる。当然、競争意識が強まる。

[A ／ D ビュー] デジタル期

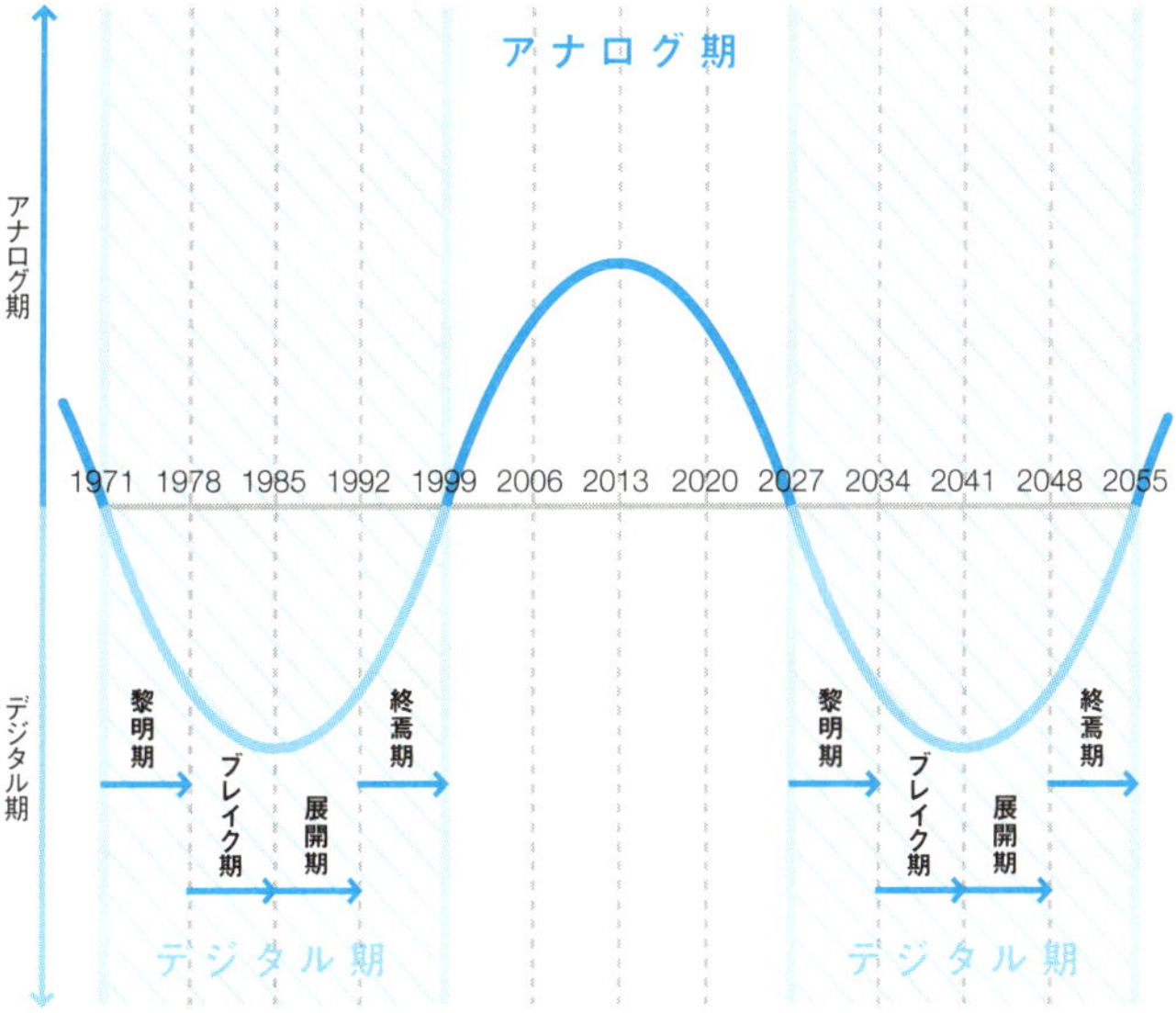

黎明期＝リニューアル：遠きを目指す

ブレイク期＝グローバル：遠くに来た自分を味わう

展開期＝エリート：高みを目指す
→量から質への転換、ハードからソフトへの転換

終焉期＝失速：旅に疲れる
→閉空間にこもる

「だれもが納得するゴール」を求めるので、数字や権威にこだわるようになり、エリート志向が強くなる。効率のいいことが何より正しく感じるため、グローバル化・迅速化などが社会の使命のようになる。脳のあちこちに処理が分散しないので、集中力があるのも短軸索活性脳の特徴である。

このような短軸索活性傾向の脳は、「何かに向かって走らなければならない」意識を、強い集中力で継続するので、常にサバイバル気分に駆られている。

合理的な脳では、デジタルデータのように0／1で認識できる事象、すなわち人工的でシンプルな事象への好感度が上がる。このため、視覚的には、モノトーンや直線的なデザインが心地よい。概念的には、わかりやすく必然性のある展開を好ましいと感じる。

80年代に「高学歴、高収入、高身長」の三高男がモテる条件とされたのも、デジタル期ならではの女心である。アナログ期には、「なぜか癒される」「共感力がある」「なんとなくオーラを感じる」など、評価のしようがない条件が挙げられる。

これは、商品についてもいえることだ。デジタル期には、市場が評価しやすい属性に惹かれてくれる。アナログ期には、評価しにくい属性に惹かれてものを買う。「なぜか癒されるのよね」と言ってモノを買う市場に、商品のスペックのよさを言い募ってもらちが明かない。

余談だが、男性ホルモンの一種であるテストステロンは、男性の胎児の脳に働きかけて、右脳と左脳をつなぐ長軸索の束を細く「改造」してしまう。このため、女性に較《くら》べて、長軸索が使いにくいのが男性脳の特徴である。

つまり、生まれつき男たちは、短軸索活性傾向のデジタル気分になりやすい。「サバイバル気分に駆られて、常に何かに向かって走り続け、勝ちぬけようとする」気分が強く働くようにしむけられているのである。この気分が、動物のオスとして不可欠な要素であることはいうまでもない。

合理性	デジタル 人工 論理性
シンプル	直線的なシェイプライン モノトーン 統一感

直線的なシェイプライン

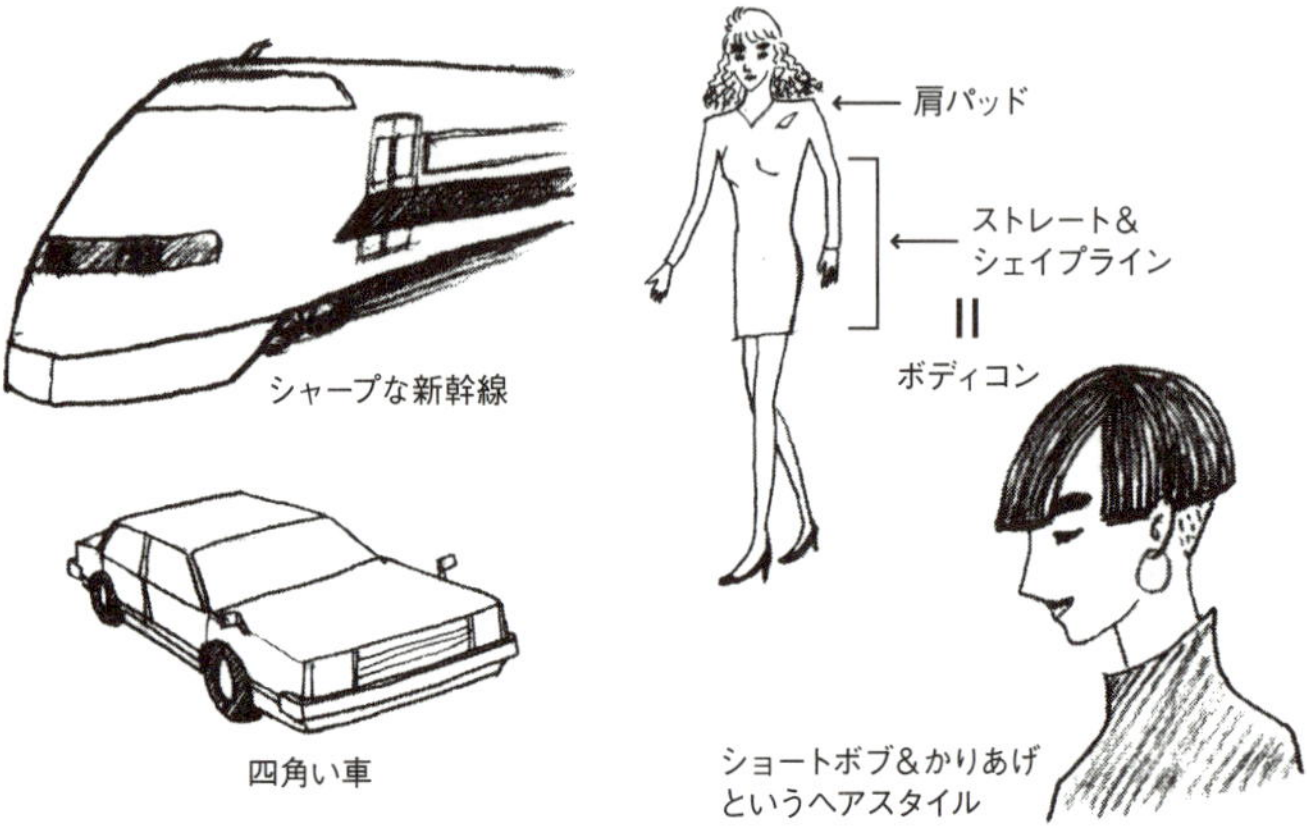

デジタル期に好感度が上がるもの

論理的	答えが一つ だれもが納得できる 最小コスト、最短パス、必然性
競争	サバイバル気分 情報収集

サバイバル気分

24時間
働けますか
だれもが認める
ヒーロー！
エリート！

column/1

同じ事象も……

世の中には、科学で解明できない不思議な現象がある。この超常現象は、大衆の気分によって、まったく違う解釈が与えられている。

大衆がサバイバル気分に駆られたデジタル期。何かに追いたてられているように感じる脳の癖により、超常現象はオカルトと呼ばれて恐れられ、「未確認生命体の侵略」などとも解釈された。1970～80年頃にはオカルトブームがあり、同時期に、宇宙人や未確認生命体の侵略をテーマにした映画もはやっている。中でも1979年公開の『エイリアン』（リドリー・スコット監督）は不朽の人気シリーズとなり、最新作は2004年に公開され、現在も続編が製作中（2007年公開予定）だ。ウィキペディアには次のような記述がある。

――（エイリアンは）知的生命の連帯と欲望とを利用して繁殖する、いわゆる「人間性」に対するアンチテーゼともいえる恐るべき生物なのである。作品を重ねるごとに擬人化が進んでいる。最新作においてはコミュニケーションとまではいかないが、ある程度の意思の疎通が描かれている。将来的には高等動物であるエイリアンを害虫のように無条件に殺すことへの道義的な疑義が作品上において提起されるようになるとの意見もある――

まさに、1970年代（人間性否定）から2000年代（人間性を取り戻し、道義的にな

る）までの感性トレンドを、そのままなぞったような描写ではないか。エイリアンは外にあるものではなく、私たちの脳に宿るブレイン・サイクルそのものなのかもしれない。

１９９９年に地球が滅亡するというノストラダムスの大予言が大きく話題になったのも、サバイバル気分がピークに達した１９７０年代である。実際の１９９９年には、アナログ気分に転換した年だったため、人々の反応はおっとりしたものだった。

デジタル期、霊といえばとり憑くもので、１９７０〜８０年代には「自殺者が、死んだことを自覚できず、自殺した場所に自殺したときの気持ちで縛りつけられる」呪縛霊《じゅばくれい》ということばまで存在した。

同じ超常現象が、人々が人間性をぼんやりと信じるアナログ期には、スピリチュアルと呼ばれ、好意的に受け取られている。霊は、守護霊ということばの登場で、とり憑くものから、守ってくれるものに変わった。「未確認生命体の侵略」は、「先祖からのメッセージ」に変わる。

細木数子氏は、１９７０年代の第一次ブームのときには、「大殺界で死を予言する」恐ろ

column/1

同じ事象も……

しい占い師だった。2000年代の第二次ブームでは、「大殺界の乗り切り方を教えてくれる」ありがたい伝道師となった。細木氏は、ほとんど表現方法を変えてはいない。髪型も服装も、本の論調もほぼ同じ。受け取る大衆のほうが、勝手に怖がったり、勝手にあがめたりしているのだろう。

1970年代には、原油価格高騰から石油ショックが起き、主婦たちがトイレットペーパーの買占めに走った。2006年も原油価格が異常に高騰したが、主婦たちは「今年の灯油、高いわねぇ」と愚痴を言うにとどまった。

エネルギーのほとんどを石油に頼っていた30年前とはショックの大きさが違うとはいえ、現代だって、原油の供給が止まれば、商品を流通させるトラックは止まってしまう。2000年代前半がイラク戦争や相次ぐテロで中東情勢が不安定なことも加味すれば、もう少し不安になって、主婦たちが何かによる買いだめに走ってもよさそうに思うのだが、そんなことは起こらなかった。考えてみれば、1970年代に原油価格高騰がトイレットペーパーの買占めにつながった理屈も、当時の主婦にとっては明確なようで明確とはいえなかったのだから、これも「大衆の気分」の成せるわざと考えたほうがよさそうである。

このように、同じ事象も、大衆の気分が違えば、まったく違う見方になる。

細木氏を、ブラック占い師と見た大衆と、ホワイト伝道師と見る大衆。同じ原油価格高騰に、目を血走らせた主婦と、何の危機感も持たない主婦。こんなにも違う大衆に、同じ商品、同じ売り方で、同じように売れるのだろうか？

大衆の気分は、存外、バカにならないのである。知っておいて損はない。

S／Hビュー

●ソフト期

デジタル期の絶頂（ブレイン・サイクルのボトム＝縦軸最小値）から、アナログ期の絶頂（ブレイン・サイクルのトップ＝縦軸最大値）までの28年は、大衆のソフト志向が強く働く時代である。

直近では、1985年から始まったソフト志向が2013年まで続く。現在（2007年）は、その終焉期に当たる。

ソフト志向の時代、人々は、ブツより用途を重んじるようになる。ハードよりソフト、モノよりコンテンツの時代である。当然、生産者は、市場ニーズのキャッチアップに血眼にならざるを得ない。洗練されたものづくりにも増して、有益で楽しいコンテンツが必要とされた時代。1985年からの20年余りを、私たちはそうして過ごしてきたのである。

[S／Hビュー] ソフト期

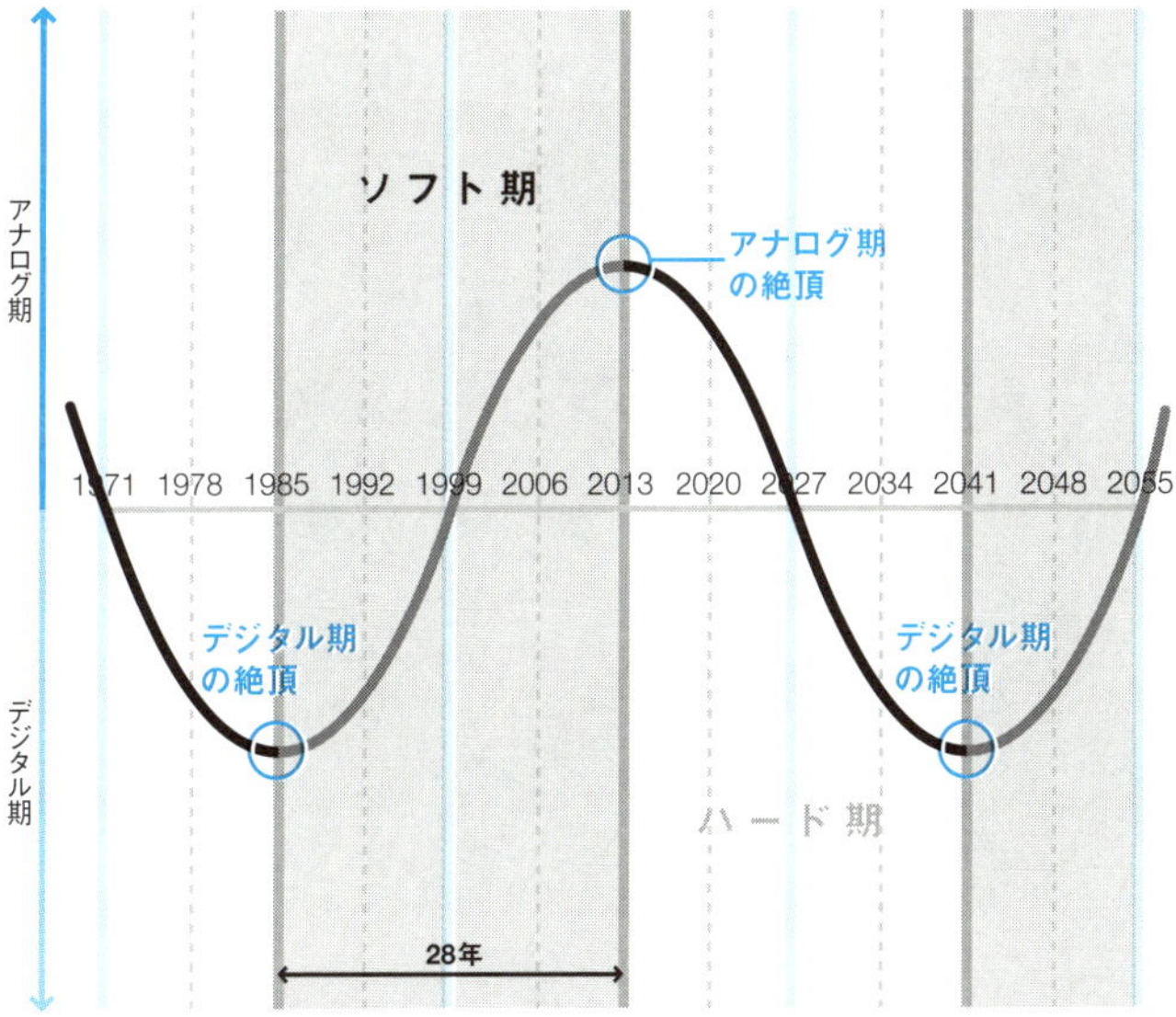

市場ニーズ優先の時代

- **ハードよりソフト、ブツよりコンテンツ**
- **宇宙(遠く高いもの) への関心が下火になり、生活に関わる身近な問題に関心が集まる。今期(1985〜2013年) は、温暖化もあり環境問題に絞られた。**

奇《く》しくも1985年は、任天堂のファミコンが、人気ゲーム「スーパーマリオブラザーズ」によってブレイクした年である。ゲーム機は、そのスペックや使いやすさが第一に語られることはほとんどない。コンテンツのおもしろさで評価されるビジネスだ。

80年代半ば、パソコンはDOS、ワークステーションはUNIXへとOSの規格が統一された。ソフトウェアの記述言語もグローバル化され、メーカーごとの機能差は、ほとんどなくなった。コンピュータの選択基準は、価格に集約されていったのである。コンピュータ業界では、はっきりと「ハードよりソフト」と宣言された。

エンジン性能やパワー、スピードを競っていた自動車も、居住性のよさや環境への優しさ、運転のしやすさなどソフト面が注目されるようになる。

概念自体も、固定化されたものから、臨機応変なスタイルが好まれるようになる。伝統を打ち破る、新たな思想が歓迎される。1980年代の初頭、21世紀を目指して、この国で人工知能（AI）の開発が始まったとき、知能ロボッ

トなんて一般にはSFの世界の話だった。それでも、国のAIプロジェクトに1000億円が投じられたのである。
一方で、宇宙開発については、大衆の興味は下火になってしまった。ハードよりもソフトのこの時代、「宇宙に大きなロケットを飛ばすのなら、庶民の生活の質を向上させたい」というのが大衆の正直な気持ちだ。ソフト志向の時代には、物性物理学などの基礎研究も、軽んじられる傾向にある。
ハードよりソフト、モノよりコンテンツ、科学技術の要件よりも市場ニーズ……。こうして28年を過ごし、メーカーがすっかり市場ニーズ志向になった頃、大衆の気分は、ころりと変わることになる。ハード期の到来である。
ヒトの脳に「飽きる」という才能がある限り、どの時代にも、ビジネスパーソンは安穏としてはいられない。

●ハード期

アナログ期の絶頂（ブレイン・サイクルのトップ＝縦軸最大値）から、デジタル期の絶頂（ブレイン・サイクルのボトム＝縦軸最小値）までの28年は、大衆のハード志向が強く働く時代である。

直近では、2013年からハード期に突入する。早い商品では、2010年頃からその傾向が見られるようになる。このため、プランナーやデザイナーは、2008年くらいから、ハード志向への転換を意識しだす必要があるので、ご注意いただきたい。

ハード期は、スペック重視の時代。カッコイイものはいい、という時代である。大きいもの、高いもの、速いもの、先進的なものなど、物理的な迫力に理屈抜きで興奮する。ソフトウェア（コンテンツ）であっても、デザインの斬新さや、企画の先進性が評価される。

［S／Hビュー］ハード期

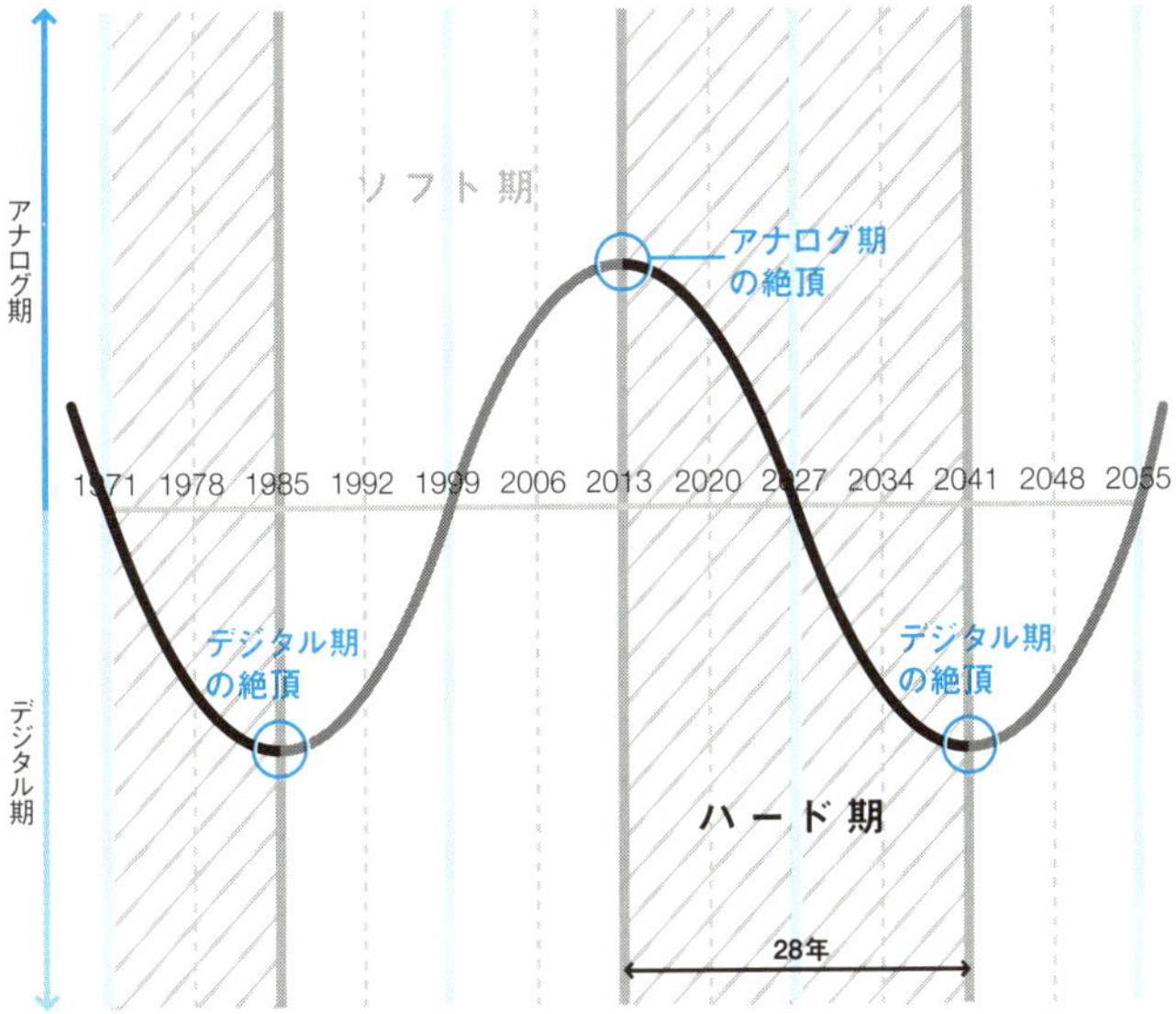

産業シーズ優先の時代

- 用途度外視で、カッコイイものが欲しい
- 宇宙(遠く高いもの）への関心が再燃する。東京タワーは前のハード期への転換点の翌年(1958年）に完成した。来期の転換点直前(2011年）に第二東京タワーが完成予定。

先のハード期の入り口は1957年。この年は、東京タワー竣工の前年に当たる。東京タワーは、その用途によってではなく、その美しさと迫力で国民を魅了した。奇しくも第二東京タワーの竣工は、次期ハード期直前の2011年、地上デジタル放送は2012年に開始する。社会の気運からいえば、地上610メートルにも及ぶという第二東京タワーの感性効果は想像以上になるはずだ。

さらに、1963年には、新幹線が運行開始。人々は、3時間半で大阪に行けるようになったこと（用途）よりも、その流線型の車体と世界最高速というかっこよさに興奮した。

翌1964年には東京オリンピック、ハード期中盤の1970年には大阪万博が開催された。ハード期は、科学技術の躍進に人々が関心を寄せる時代だ。世界に目を転じれば、アポロ計画が同時期に推進されている。

アナログピークからデジタルピークへと向かうハード期には、インフラ整備や、大プロジェクトが動くようになる。特に、ハード志向第二期（アナログ気

分終焉期）は、文化の成熟と、科学技術への意欲が共存する百花《ひゃっか》繚乱《りょうらん》の時代であり、経済効果も期待できる。昭和のいざなぎ景気（１９６５～７０年）が、ちょうどこの時期に当たる。

２００１年１月に底をついた景気の拡大が２００６年11月でいざなぎ景気の57カ月間を超えたため、「いざなぎ景気超えの好景気」ともいわれたが、大衆の脳の気分からいえば、この景気拡大はいざなぎ景気とは質が違う。本格的ないざなぎ景気再来は、２０１３年のハード期転換点を待たなければならないだろう。

とはいえ、ソフトからハードへの転換点まで、あとわずかである。メーカーは20年以上続いた市場ニーズ優先の体質に染まりきっているが、大衆は、徐々に「用途度外視でカッコイイもの」を潜在的に求めるようになってくる。現場の企画に、「コンセプトがあいまい」「使い方がはっきりしない」「市場ニーズの調査は？　市場の評価は？」など、だらだらダメ出しをしていると、時代の波に置いていかれるかもしれない。

4
大衆の意識傾向と流行予測

アナログ気分　黎明期

［・社会気運＝個を取り戻す　・キーワード＝癒し］

直前までデジタル期であり、大衆全体がサバイバル気分に駆り立てられ、狂ったように競争していた28年間に当たる。疲れ果てたある日、「人間一人ひとり違っていてもいいんじゃない？」「そこまでスピードを追求しなくても、スローでもいいんじゃない？」と気づき、おずおずと人間性を取り戻すのが、アナログ気分黎明期の7年間である。

直前のデジタル期には、合理化と競争の果てに、個人としての存在感を失う。個性を取り戻すために「自分探し」をし、人間性を取り戻すために癒されることを強く欲するのが、このアナログ気分黎明期の大衆である。

このため、天然系のアイドルや癒し系の女優、アーティストの好感度が上がり、温泉やエステなどの癒し系サービスの人気が上がる。自然素材の食事や服、住居の好感度が上がり、自然と一体化して暮らすライフスタイルを好ましいと感じる。黎明期（癒し）の後半には、グラマラス傾向が強く表れだす。

グラマラス傾向とは、ふっくらと丸いライン、重く艶やかな印象への好感度アップである。女性の身体にグラマラスラインを施すのは、女性ホルモンのエストロゲンだが、エストロゲンは、挑発的で、小いじわるな気分を女性脳にもたらす。このため、グラマラス傾向の時期には、ふっくらと丸いライン、重く艶やかな印象、挑発的で小いじわるな展開に対する大衆の好感度が上がる。

このグラマラス傾向は、アナログ期全体を覆うものであり、アナログ期を別名グラマラス期と呼ぶこともできる。

グラマラス傾向が強まると、自動車はティアドロップ型の丸いデザインになってくる。グラマラスな女性に対する好感度が上がり、身体の線を強調するようなファッションがはやる。女性のヘアスタイルも高さを強調するとともに、全体にうねるような複雑系曲線を描くようになる。また、男女共に、挑発的なスターやヒーローが輩出される。

直近では、１９９９〜２００５年が、この黎明期に当たっていた。１９９９

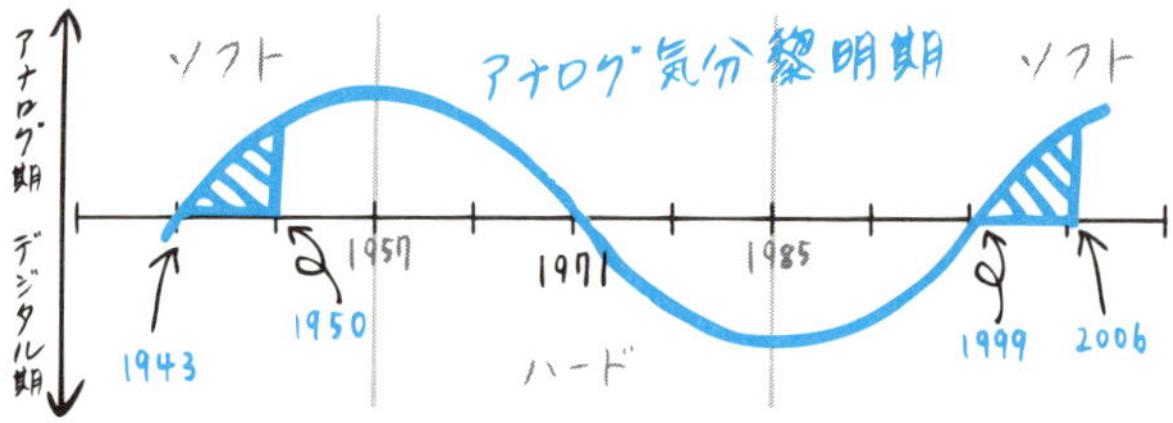

年から始まった癒しブーム、さらに２００３年頃からのセクシー＆グラマラス路線は、まさに感性トレンドそのものである。

２００３～６年にかけてのセクシー＆グラマラス旋風で、世の中の若い女性たちが胸の谷間や腰回りを深々と見せ、下着のようなシースルー素材、素足にサンダルという格好で白昼堂々と歩き回っていたが、56年前の同時期にもパンパンファッションというのがはやっている。パンパンとは、進駐軍相手の娼婦たちのこと。胸を大きく開けたセクシー系ワンピースに、肩からカーディガンを羽織り、ピンヒールサンダルを履いて、濃いアイメイクを施した彼女たちのファッションを一般の女性たちがまねたのである。２００６年夏の街の女の子たちの格好とそう変わらない。

また、56年前には、アロハシャツブームがあり、アロハシャツにパナマ帽をかぶって銀座を闊歩したオトナの男たちがいた。ボサノバがブームになった。ちょい不良《ワル》オヤジは、21世紀のオトナの男の専売特許ではないのだ。

ちなみに、56年前のアナログ期突入は、1943年、太平洋戦争の中期に当たる。
デジタル期の競争意識の果てに戦争に突入、経済的に失速したこの国。競争意識に駆られていた人々もすっかり疲れ果て、1943年には人々の気持ちが一斉に変わった。「何もそこまでしなくていいんじゃない？」「そうは言っても、人のいのちも大事なんじゃない？」というアナログ気分に呑み込まれていったはずだ。
私は、その年の日本を実際には知らないが、1999年の動きから察するに、おそらく大衆は1942年まではけっこうアグレッシブで意気揚々と戦地に兵隊を送り出していたのに1943年が明けて、崩れ落ちるように被害者意識に転じたのではないだろうか。当時の情報規制からすると、戦局の苦しさを知って気持ちが変わったとは想像しにくいので、やはり大衆の気分が先に萎えたのではないかと想像される。
個を取り戻す。それこそが、この時期の社会全体の気運となる。

癒しや自分探しがキーワードになる一方で、陰湿ないじめや徹底的に叩かれる存在が出やすい時期でもある。自己を肯定するために、他者の否定を足がかりにするのは、最もたやすい手段だからだ。

例えば、エリート主義を捨てるとき、人々は拝金主義を叩かずにはいられない。2005年の終わり、ライブドアの堀江貴文社長が逮捕されたが、そのちょうど56年前にも、時代の寵児といわれた頭脳派の青年実業家が逮捕されている。現役東大生でありながら、新手の金融商品を考え出して大金を動かした光クラブの山崎晃嗣社長だ。三島由紀夫の『青の時代』(新潮社)のモデルとなった人物である。

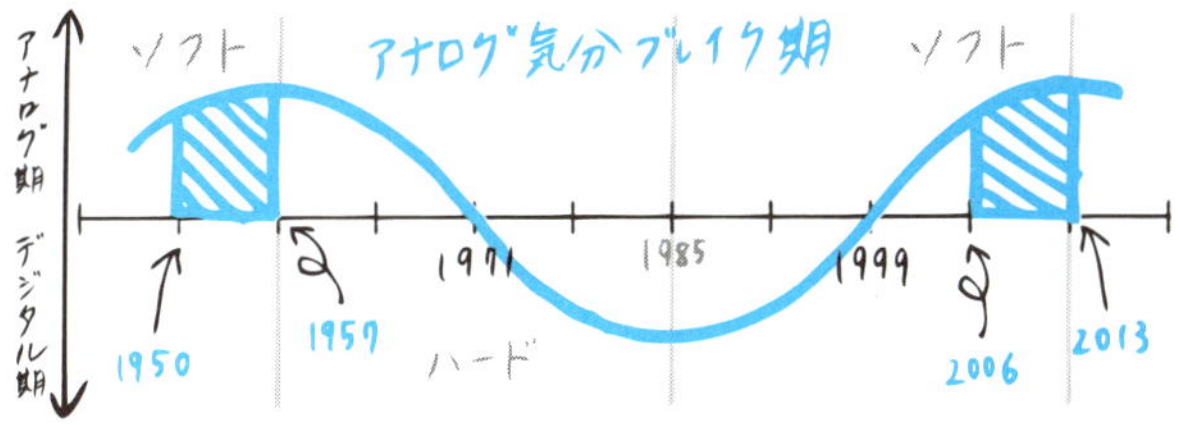

アナログ気分　ブレイク期

［・社会気運＝人間性を尊ぶ　・キーワード＝気品］

充分に癒され、個を取り戻すと、人は、人間性を高め、与えられた愛を他者に施そうとするようになる。気高い気持ちになるのだ。

人間性を尊ぶ、気品の時代。現在はちょうど、この時期に当たる。２００６年に突入したこの気運は、このまま２０１２年まで続く。

実は、女の子の自我の成長段階に、同じような展開が見られる。

女性は、ニューロン長軸索の束である脳梁という場所が男性より20パーセントも太く、アナログ気分が強く働く傾向にある。アナログ気分は自我に関与しているため、女性は男性に較べて自我が強いと言い換えることもできる。

女の我の強さは、ときに男たちをうんざりさせるようだが、動物のメスとして、欠かせない重要な機能なのである。動物のメスは、生物としての使命が「個（自分）を大事にして、子孫を残すこと」にある。子孫を残す役割を担うメスは、死のリスクを抱えて移動や競争をするより、自身が健全に生き残ることに専念しなければならない。その上で、繁殖相手の遺伝子を厳しく取捨選択するほうがよりよい子孫を残せる率が高いのだ。

このため、女性たちは、赤ちゃんの頃から、個を大事にするアナログ気分で生きている。女の赤ちゃんは、男の赤ちゃんに較べ、周囲からかまってもらうことを欲して愛想よく振舞う傾向にある。癒し、愛されたいのだ。愛されて「私」を認識し、人間性を育むのである。これは、アナログ気分黎明期の大衆によく似ている。

充分愛された女の子は、次に、その「かまわれる歓び」を、他人に施そうと試みる。保育園などでは、自分もオムツパンツをはいているのに、同じクラスの男の子のオムツパンツをはかせてくれたりする。母親を手伝い、人形の世話をする。この段階が、アナログ気分ブレイク期の大衆に似ているのだ。

すなわち、7年間の癒し期を経て、癒されることに飽きた大衆は、気高い気持ちで動き出す。同時に、アナログ気分黎明期後半に強まったグラマラス気分

は、まさにピークを迎える。

グラマラスピークであって、気品の7年の始まりの年に当たった2006年、大衆は、挑発気分と気高い気分の両方に反応した。挑発的なヒーロー・亀田興毅も、気品のヒーローのハンカチ王子・斎藤佑樹も、どちらも愛された。

気品と挑発は対極のようだが、「人間性」あるいは「アナログ」というくくりでは、同じカテゴリに入る。亀田興毅や斎藤佑樹の対極になるのは、江川卓や原辰徳のように、顔色を変えずに淡々と勝ち抜くタイプ。感情をあまり外に出さずに、サイボーグのようにクールに活躍するのがデジタル期のヒーローだ。

化粧品やスイーツなどの女性市場では、天使と小悪魔、ホワイトガールとブラックガールというような対比がモチーフに使われた。これも、気品と挑発が共存する時期だったからこそ。ホワイトカレー、ホワイトビール、白かぼちゃなど、従来「白」はありえなかった商品に白が登場したのも、感性トレンドから見ると興味深い現象だった。

2007年以降は、気品が強まりつつも、挑発との共存はしばらく続く。

今後、アパレルファッションにおいては、次のアナログ気分展開期（2013〜20年）のコンサバな気分を先取りするため、セクシーさを残しながらも、トラッドへと進んでいくことが予想される。

アナログ気分黎明期の癒し気分のもとで、ナチュラルからセクシーカジュアル路線へと変遷したアパレルファッションは、ブレイク期に気品を加えたセレブファッションを経て、風格のあるトラディショナルへと進んでいくのである。しかしながら、アナログ期にはやるトラッドは、いわゆるガチガチのブリティッシュ・トラッドではなく、エスプリを感じさせる変化型のトラッドになる。

先のアナログ気分終焉期（1960年代後半）に一世を風靡《ふうび》した「ヴァンヂャケット」は、ニュー・イングランド風といわれたファッションをはやらせ

た。アメリカ東海岸の名門大学グループ・アイビーリーグから造語されたアイビーファッションである。アメリカ上流階級のやんちゃな若者たちがお手本で、正統派のブリティッシュ・トラッドに較べ、若々しくチャーミングなスタイルだった。このアイビーファッションで銀座を闊歩する若者たちは「みゆき族」と呼ばれ、社会現象にまでなったのである。

2007年以降に予測されるニュー・トラッドも、エスプリを効かした変化型だが、変化の仕方は2000年代の新スタイルになるはずである。ここまで不良中年路線がかなり強かったので、その香りが残るかもしれない。

人々の脳の気分が同じベクトルだからといって、同じものがはやるわけではない。アイビーがそのまま戻ってくるわけではないのだ。敗戦国として、アメリカに切ないほどに憧れたあの時代と現代では条件が違う。

これは、感性トレンドの重要なポイントでもある。感性トレンドは、「同じものがはやる」ことを予測するのではなく、「同じ気分によって、同様の傾向を呈する」ことを予測する手法だ。事業家やプランナーは、この抽象的な概念を捉えて、自分なりの解答を見つけてもらわなければならない。

人間性を尊ぶ。それが、この期の社会気運である。人々は、「リーダーとしてどうあるべきか」「人間としてどうあるべきか」「国としてどうあるべきか」を確認しあう。同時に、「悪事を追及し、悪者を退治する」事象が起こり始める。人間性を尊び、悪を許さない姿勢は、今後、アナログ気分終焉期まで、大衆を支配することになる。今後、「人としてこうあるべき」「国としてこうあるべき」論が苛烈《かれつ》さを増すことが予想される。

しかし、何を悪と見立てるかを見誤れば、陰惨な事件の原因にもなりかねない。全共闘の嵐が吹き荒れたのは前期アナログ気分展開期の1960年代、思想闘争の流れを受けて赤軍派がこつぜんと姿を現したのは、前期アナログ気分終焉期の1969年だった。人間性を尊び、悪を許さない姿勢を貫くアナログ期。特に後半の苛烈になりがちな時期においては、「何を悪と見立てるか」について、個々人が慎重を期さなくてはならない。

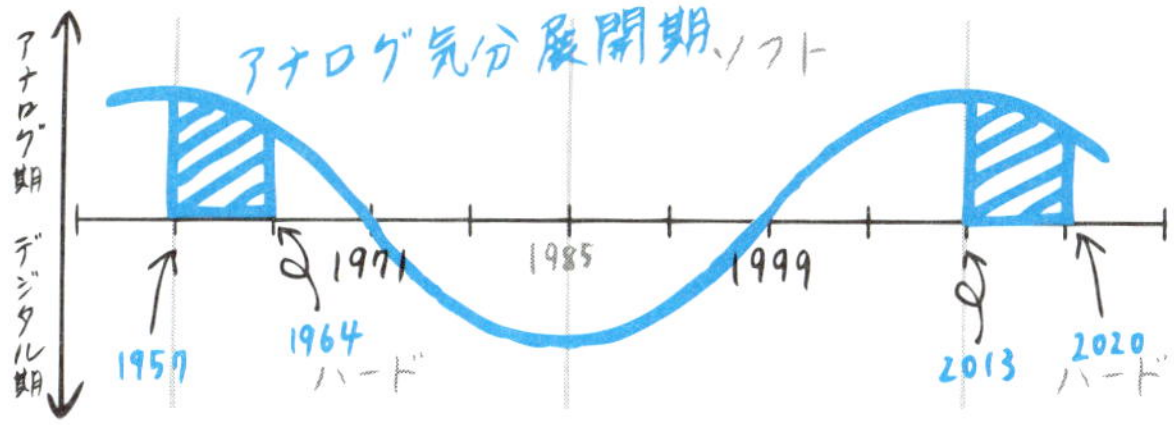

アナログ気分　展開期

［・社会気運＝スタイルにこだわる　・キーワード＝トラディショナル、コンサバ］

先のアナログ気分ブレイク期は人間性の時代だった。この時期、気高い気持ちで「人はどうあるべきか」を考えた大衆は、やがて、スタイルを確立し、そのスタイルにこだわるようになる。伝統的で風格のあるものに好感度が上がるのが、次のアナログ気分展開期の特徴である。

前節では、大衆のアナログ気分の変遷を女の幼児の成長になぞらえたが、このアナログ気分展開期の傾向も、やはり女の子の成長段階に現れる。ひたすら愛されたがる赤ちゃん期、他者に愛を施したがる幼児期を経て、自分なりのスタイルを通したがるようになるのである。自分のスタイルを押しつけ、「自分の決めたとおりに行動しない（彼女にとっての）異端者」を迫害し始める。

大衆も同じ道をたどる。初めは、気高い気持ちで始めたはずの人間性尊重だったのだが、ほどなく「人はこうあるべき」というイデオロギーに変わり、やがて「そのためには、この手順でこうすべき」というスタイルの確立に至る。こうなると、それに従わない他者が異端者に見え、正さなくてはならない社会悪に見えだすのである。

無意味なことにこだわって癇癪《かんしゃく》を起こす幼子を笑ってはいられない。脳の気分というのは生まれつき与えられたプリミティブな傾向なので、三歳児と同じことを、無意識のうちにオトナもする。「あのとき、なぜ、あんなことに夢中になって、大勢に従わない人が愚か者に見えたのだろう」ということが、だれの人生にも必ずあるはずだ。

集団というのは、常にこの傾向をはらんでいるものだが、アナログ気分展開期には、それが社会全体に強まるのである。

この時期、大衆の気分に合ったスタイルを確立すると、そのブランドが一気に脚光を浴びることになる。前節にも述べたが、１９６０年代の「ヴァンギャ

ケット」がその好例。この時期は、スタイルのあるブランド創生を心がける必要がある。

ただし、一気に盛り上がると、きっぱり飽きるのがヒトの脳の特性。このため、この時期脚光を浴びる新ブランドは、デジタル気分に移る頃までの寿命となる可能性が高い。この「時代のあだ花」を足がかりにして、長く愛されるブランドに作り替えていくか、従来のブランドイメージを温存させたまま、時代のあだ花をパッと咲かせて、サッと引くか。そのいずれかの判断が、この時期の事業家には不可欠である。

また、このアナログ気分展開期の始まりの年（２０１３年）は、もう一つのトレンドビュー、Ｓ／Ｈビューの転換点に当たる。28年間（１９８５～２０１３年）のソフト期が終わり、「理屈抜きでカッコイイものに憧れる」ハード期の幕開けである。未来的な電子機器（ＳＦ映画の中に登場するようなアイテム）に注目が集まることが予測される。

身体に装着して使うウェラブル・コンピュータは、提唱されて久しいものの、なかなか日の目を見ていない。技術が追いつかないというよりは、用途がいまいちピンと来ないのが問題である。市場が望めば、技術は追いつく。市場が望まないから、開発費がかけられず、技術開発がうまくいかないのである。

しかし、2013年に用途優先のソフト期が終わると、SFかスパイ映画を思わせるようなウェラブル・アイテムが話題を呼ぶはずである。ちなみに「ウォークマン」は、先のハード期の終盤に出現している。いち早く身につけた人が、周囲に「何それ!?」と振り返られるハード期の快感がそこにはあった。

このため、アナログ期の初めに想定されたような、老人向けの身体機能補完型のウェラブル・アイテムやバイタルチェック用のウェラブル・アイテムを主流に持ってくるのは危険である。ハード期には、「見せたい」「憧れたい」気持ちにさせることが大事と心得たほうがいい。

未来型のウェラブル・アイテムがはやれば、アパレルファッションも、未来型アイテムに似合うスタイルに変わることが予想される。モノトーンの直線的

なファッションが、デジタル期を待たずに出現する可能性もある。

さらに、ハード期の到来によって、大きなもの、高いもの、速いもの、パワーを感じさせるものなどにも注目が集まるようになる。ハード期到来に先んじて2011年に竣工する第二東京タワーは、かなりの話題になるはずだ。また、いったん下火になっている宇宙開発への世間の興味も再燃すると思われる。

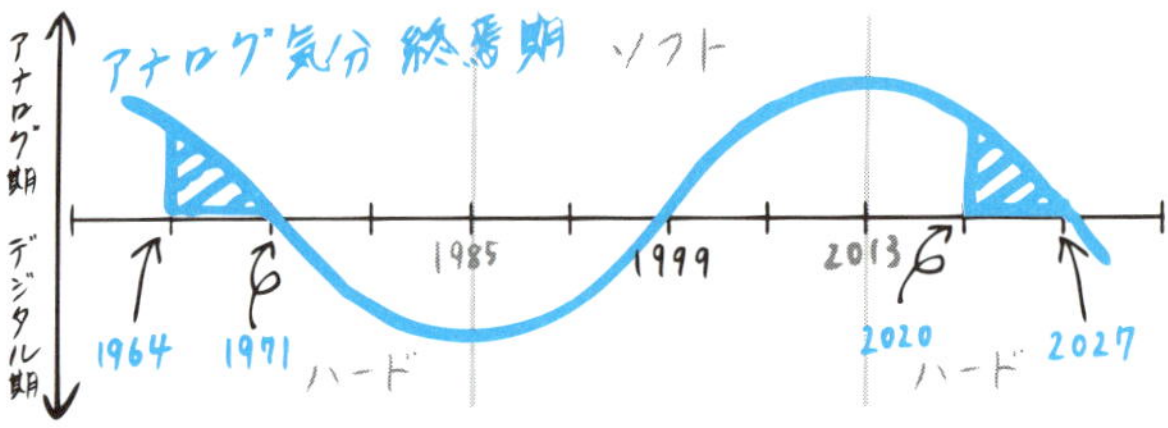

アナログ気分 終焉期

［・社会気運＝科学技術の推進　・キーワード＝成熟］

アナログ気分終焉期かつハード志向第二期に当たるのが、この期である。

アナログ気分の終焉期は、人間性を取り戻す28年の最終ブロックであり、人間性を追求し尽し、さまざまなスタイルの確立がなされた後に来る文化の成熟期である。

この成熟気分に加え、ハード志向が第二期に入り科学技術推進の上昇気運が起こるので、多くのプロダクトが実を結ぶようになる。市場もこれによく応えて、高いモノを買い、豊かなサービスを享受してくれる。先のアナログ気分終焉期（１９６４〜７０年）のうちのほとんどをいざなぎ景気（１９６５〜７０年）が占めているのも当然といえるだろう。

現在起業を目指している人は、２０１３年のハード転換、２０２０年の成熟期突入を控え、非常にいいポジションに立っている。２００８年くらいまでに体勢を整えて起業し、２０１０〜１３年に「用途度外視のかっこよさ」を提供

して注目を浴び、その「あだ花」を足がかりに一気に長寿命ブランドの基礎を構築。そのブランドが練れた頃にやってくる成熟期（2020～26年）に利益を享受すれば、かなりトントン拍子の成功物語である。がんばってほしい。

百花繚乱の経済効果の一方で、人々の世直し気分はますます強まり、皆が皆に干渉するようになる。「○○はこうあるべき」「××はこうすべき」……。こうなると、親や先生に対する思春期の子どものように、心底うざったくなるのが人情だ。

うんざりした挙げ句、「もっとシンプルに行こうよ。一番速く走った人が偉いとか、一番儲けた人が偉いとか、ごく単純に世の中を考えよう」という気運が起こりだす。しがらみから旅立ちたくなり、サバイバル気分に駆られるのである。こうして大衆は、デジタル気分に入っていくのだ。

世の中が人間性を尊ぶアナログ期の至福の中にも、人間は永遠に立ち止まっていられない。

2007~8年にこの本を読んでいる方は、バブル崩壊の後遺症もまだまだ残っているし、グローバル化と競争の渦に、人々がまたもや好んで巻き込まれるとは思えないかもしれないが、2020年を過ぎると、人々は自然に走りだしたくなる。旅立ちや再生をテーマにした映画や小説も増えるはずである。

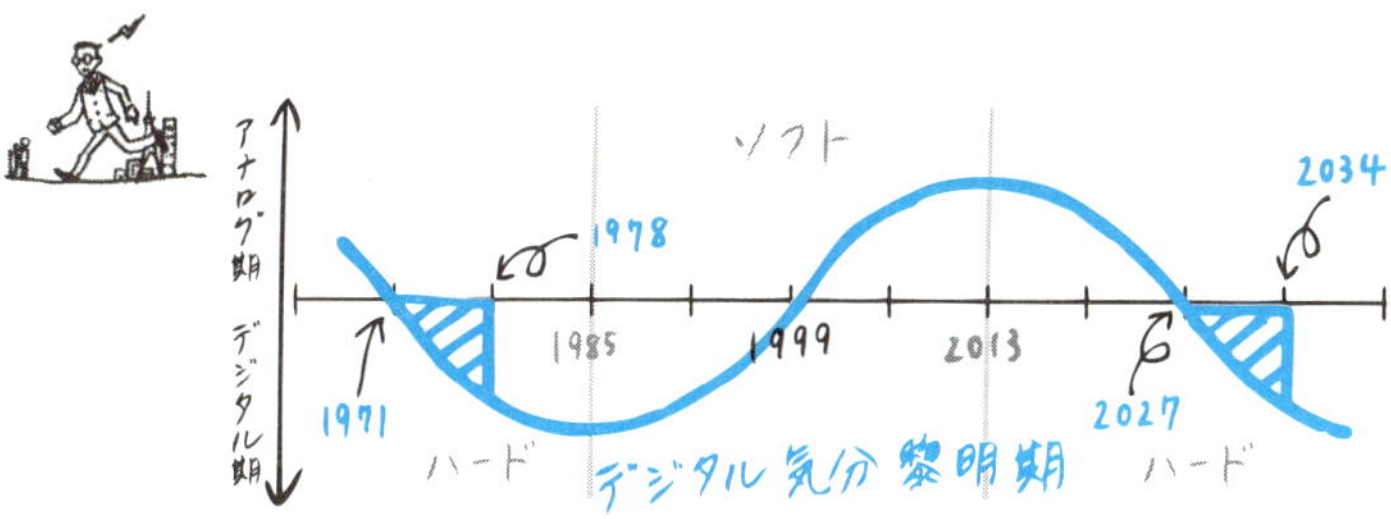

デジタル気分　黎明期

［・社会気運＝大勢に立ち向かう　・キーワード＝リニューアル、旅立ち、再生］

デジタル気分黎明期は、リニューアルのときである。

アナログ気分黎明期に、人々が競争に疲れ果て、闘いを止めて癒しを求めた社会気運とはまったくの対極となる。「社会の成熟」という、想念としてのオトナと闘うときだ。思春期の気分を思い出していただければ、そう遠くない。自分をからめとろうとする親とのしがらみやオトナたちの押しつけに、何かと逆らったあのときの気持ちである。

先のデジタル気分黎明期が１９７１〜７８年、次は２０２７〜３４年である。

先のデジタル気分黎明期（１９７１〜７８年）には、ウーマンリブの嵐がやってきた。女性に妊娠・出産の主導権を与えるため、避妊薬の販売自由化を要求した中ピ連（中絶禁止法に反対しピル解禁を要求する女性解放連合）の登場が1972年、女性の自立を描いたエリカ・ジョングの『飛ぶのが怖い』（柳瀬尚紀訳、新潮社）がベストセラーになったのは、1973年である。

ウーマンリブの第一波は、実はその60年前、アメリカで女性が参政権を求める運動によって起こっている。その後、世界は二度の世界大戦をはさみ、次の感性トレンドの波に乗って第二波を迎えたことになる。

ウィキペディアによると「（日本での）運動のきっかけは、1960年代後半の全共闘運動にある。最もラジカルに既成秩序の打破を訴えた全共闘運動においてさえ、街頭デモに繰り出すのは男子学生、女子学生はキャンパスの中でおにぎり作りに従事させられたことから、〈女性は男の奴隷ではない〉との主張が生まれた」とある。

おっとりした社会気運の中にあるアナログ期にこの文章を読むと、「きっかけは、おにぎりかい」とツッコミを入れたくなるが、まさにこの文章こそが、アナログ気分終焉期からデジタル気分黎明期に移るときの人々の気持ちを象徴

している。

女子学生に炊き出しをさせた男子学生にはおおよそ悪気はないのだが、古い因習を打ち破ろうとする者たちでさえ、無意識のうちに古い因習を押しつけあうのがアナログ気分終焉期の特徴なのである。おそらく、おにぎりよりもデモに参加したいと表明した女性学生を、男子学生たちは罵倒してでも「こうあるべき」と論破したはずだ。こうなると、がぜん、「因習に立ち向かう気持ち」になるのが自然の流れである。女性のみならず、社会の各所でこのような因習のジレンマが噴出し、デジタル気分黎明期がやってくる。

自分たちを包んでいたものへの反抗、反骨精神とサバイバル精神を持って、デジタル気分黎明期の人々は旅立つ。

思春期の若者なら、親の束縛や村の因習に反抗して冒険の旅に出るのだろうが、大衆は何から旅立つのだろう。女への飯炊きの強要なら、それこそ日常茶飯事にあったはずである。それに、もしもこの時代にコンビニがあって、デモ隊に炊き出しがなかったとしても、不満は起きなかったのだろうか。

私には、やはり、脳に「今あるものを脱ぎ捨ててリニューアルしたい」という切ない衝動が先にあり、今まで気に留めていなかったことが心に突き刺さるようになり、反骨精神が湧き上がったと考えるほうが自然なように思える。

私たちは「人は、理由があり行動している」と思い込みがちだが、脳を見つめていると、脳に先になんらかの意識ベクトルが生じ、脳自体がそこへ気持ちよく突っ走るための理由を探しているとしか思えないことが多々ある。

「同じことを娘がしても腹が立たないのに、嫁がすると腹が立つ」とは、嫁も娘もどちらも持つ女性がよく言うセリフだが、動物学者の竹内久美子氏によれば、「嫁は次々変えたほうが、息子に託した自分の遺伝子がより多様な組合せで後世に残る。免疫のバリエーションが増えるので、子孫たちが環境変化やウィルスなどのアタックに耐え抜く可能性が上がる。すなわち遺伝子の生存可能性が上がるため、姑《しゅうとめ》は無意識のうちに嫁をうとんじる」のだそうだ。

こうなると、姑に駄目だしされたことを嫁が直しても、嫁の次の欠点を姑の

脳が上手に探し出すだけ。息子の繁殖期が終わるまで、嫁は満足してもらえないということになる。

こういう無意識の領域の出来事だからこそ、ニューファミリーを作った団塊の世代が姑になった現代でも、嫁姑問題は完全には消えないのだろう。姑や嫁が言い募る一つひとつの理由にこだわるよりは、よりよい距離を保つなど、抜本的な対策を練ったほうがいい。

すなわち、脳にはまず初めに気分があり、その気分に合うものを欲して動いているのであって、一つひとつの理由は案外ささいだったりするということだ。だれかが、ある理由にこだわっているからといって、それが絶対じゃない。もっとふさわしい理由が見つかれば、その理由なんて忘れられてしまう。ひどいと思っていた長男の嫁が、もっとひどい次男の嫁の登場ですっかりいい嫁に変わることもある。一つひとつの理由（事実）にとらわれすぎないことだ。これは、人間観察の基本でもある。部下や恋人の言い募る不満が、彼ら自身の気持ちの真実を語っていないこともある。

余談だが、女性の「私と仕事、どっちが大事なの？」と言う質問に、「お前だよ」と答えても、「どっちも大事」と答えてもいけない。もちろん「仕事かなぁ」は論外である。彼女は、別に、自分と仕事のどっちが大事なのかを尋ねたいわけじゃない。ないがしろにされた悲しみを伝えたいだけなのだ。なので、回答は一つしかない。「さみしい思いをさせたの？　ごめんね」と言うだけである。事実は、真実とは限らない。

もちろん、マーケティングでも、同じことがいえる。消費者の行動分析をするのはいいのだが、その事実（意味的な理由）にこだわりすぎると、かえってトレンドは見えなくなる。そうなる前に、先んじて起こった「市場の脳の気分」にまで目を配らないと、本質は見えてこない。脳の気分をアンケートや現象分析から割り出すのであれば、理由が明確な属性を並べるよりも、「理由もわからないのに、なぜか売れている」特異点に着目するのがコツである。

デジタル期には、合理的な判断をするときに活躍するニューロン短軸索リン

クが活性化するので、合理性を心地よいと感じる脳の状態が続く。このため、デジタル期全般に迅速化、グローバル化（規格統一）がキーワードになる。この影響を受けて、黎明期には手軽に食べられるファーストフードや人工食への好感度が上がる。２０００年代初頭のアナログ気分黎明期にスローフードと自然食が見直されたのとは真逆の展開だ。

スガワラトレンド研究所の菅原氏は、この現象に「サバイバル気分が強く働くので、携帯食・保存食を好む」という解釈も与えている。

カップヌードルの発売開始は１９７１年、先のデジタル期の始まりの年である。デジタル気分＝携帯食・保存食ブームという解釈に照らせば、１９７１年生まれのカップヌードルは、世界のビッグブランドになる運命だったということになる。

カップヌードルがブレイクしたきっかけは、１９７２年の浅間山荘事件で、長時間にわたり極寒の雪山に待機する機動隊員たちが、温かいカップヌードルで食事する風景がテレビで流れたからだそうだ。思想闘争の果ての事件＋サバイバル＋未来型携帯食は、デジタル気分黎明期を象徴する風景として、人々の脳裏に焼きついたに違いない。

次の同時期にも、社会は同様の気運を示すだろう。ただし、アナログ気分ブレイク期のトラッドの流行予測にも書いたとおり、56年前と「同じもの」が売れるわけではない。21世紀型の携帯食の登場が望まれるところである。

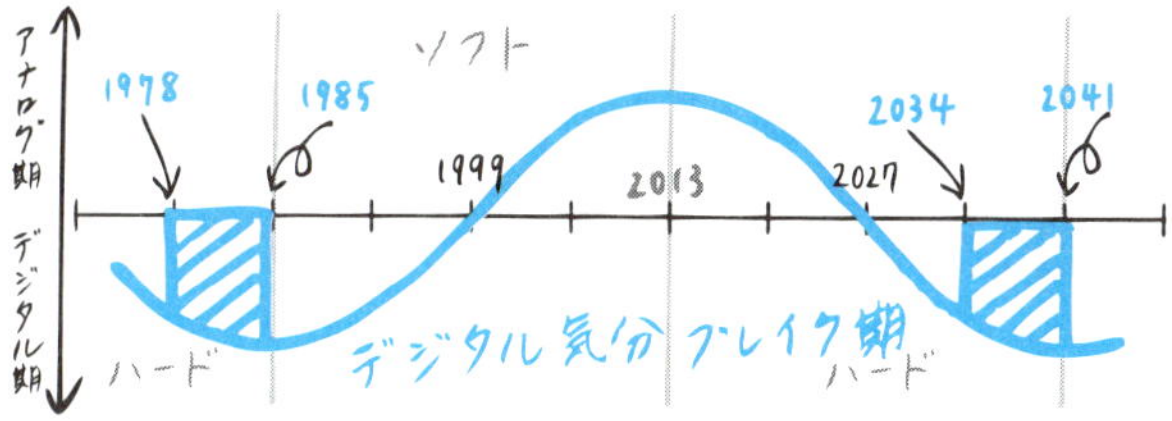

デジタル気分　ブレイク期

［・社会気運＝合理化、産業の躍進　・キーワード＝グローバル］

デジタル気分ブレイク期は、まさに合理化の風が吹くとき。A／Dビューだけでなく、S／Hビューでもハード期なので、デジタル＆ハードの究極の男性脳型になる。

大衆全体に合理化の理念が行き届くので、組織はスムーズに動くようになる。個人の都合より、組織の理想が優先される。それも、組織が押しつけるのではなく、個々人がそれでよしとするのだ。

市場は、「わかりやすい一番」や有名ブランドに揃って反応するので、画一・大量・マス（シンプルなラインナップの商品を大量生産し、マスメディアのような均一の情報戦略により大量流通させる）の構造が可能になる。産業構造は本来あるべき姿になり、大規模な生産ラインや流通機構を担う企業が元気になる。

先のデジタル気分ブレイク期が1978〜85年、次は2034〜41年である。

先のデジタル気分ブレイク期は、コンピュータの急速な普及とともにあった。電話交換機のデジタル化、銀行のオンライン化など社会インフラが一斉にデジタル化され始めた。市場には、パソコンが登場し始めた。今考えれば、音楽も聴けない、テレビも見られない、印刷もままならない、インターネットもないパソコンがボーナス2回分くらいの値段で売れていたのである。社会が「合理化大好き、冒険者気分」じゃなければ、到底成り立たなかった市場である。

同じ時期、ファッションでは、モノトーンの服装が目立った。「Jun」「Rope」などのブランドがはやり、白いスーツに黒いシャツ、白いエナメルのベルトに、黒いエナメルのクラッチバックなど、今歩いていたら振り返って凝視してしまうような「不自然な」若者が街を歩いていた。短軸索ニューロンが

心地よいと感じる、モノトーン、シンプル、統一感の属性が、そのまま町に溢れていたのである。

アナログ期には、複雑性を感じさせる木綿やツイードのような折り目の風合いが心地よいのだが、デジタル期には、エナメルや光沢のある化繊のような、厚みのない、光の反射が一様に見える素材が心地よいと感じられる。この素材で、白黒のモノトーンやメタル風の色合いを使って全身を仕上げるので、当然、人工的で不自然なファッションになる。しかし、もちろん当時の大衆の脳は、これを不自然だとは見ていない。

同様にヘアスタイルも、まるでロボットのような人工的なスタイルが作られた。女性は、ストレートパーマをかけ「定規で描いたように」まっすぐなボブスタイルか、全体に細かいパーマをかけたソバージュと呼ばれたウェービーヘア。男性は、もみ上げを落としたテクノカットと呼ばれたスタイルで、どれも今見れば、充分に「変！」である。

アナログ気分ブレイク期には頭頂部の高さが気持ちいいので、２００６年か

らは上部をふっくらと膨らますブロースタイルやおだんごヘアがはやっているが、デジタル気分ブレイク期には、まったく逆の現象が起きていた。ソバージュの細かいパーマを頭全体に施すと頭頂部が膨らんでしまうので、頭頂部だけストレートにし、こめかみの少し上辺りの位置から、唐突に細かいウェーブが始まるカッパみたいなヘアスタイルが生まれたのである。

しかし、それだとさすがに顔が変に見えるので、前髪の半分だけを大きなカーラーで巻いて、とさかのように立てた。バブル期の女の子は皆していたのに、１９８０年代のドラマが再放送されるとこの髪型のおかしさにだれもが笑う、「あの髪型」である。

ファッションやヘアが人工的の極みにいけば、音楽も電子音楽がはやる。テクノ音楽というカテゴリが誕生したのもこの時期である。もっと大きなくくりでいえば、エレキギターを使い、子音をシャウトするロックは、ニューロン短軸索リンクを刺激し、デジタル期全体に心地よい音楽である。

１９６０年代から１９８０年代にかけてのロックシーンの名作がいまだにド

ラマやコマーシャルで使われて愛されるのは、デジタル期の土壌でこそ培われる音楽である証拠なのだろう。
「人工的」がキーワードのデジタル気分展開期、来期（２０３４年）は、どのようなぶっ飛んだファッションを産むのだろうか。私自身は、もう見られないかもしれないが……。

一方、来期も産業構造の躍進を見るだろうが、こちらは、２０３０年代初頭の時点で急成長を待っている技術が何かによって、前期とはまったく違う様相を呈する。申し訳ないが、四半世紀も先の産業シーズについては、感性の研究者には予想もつかないので、社会気運についてはノーコメントとしたい。

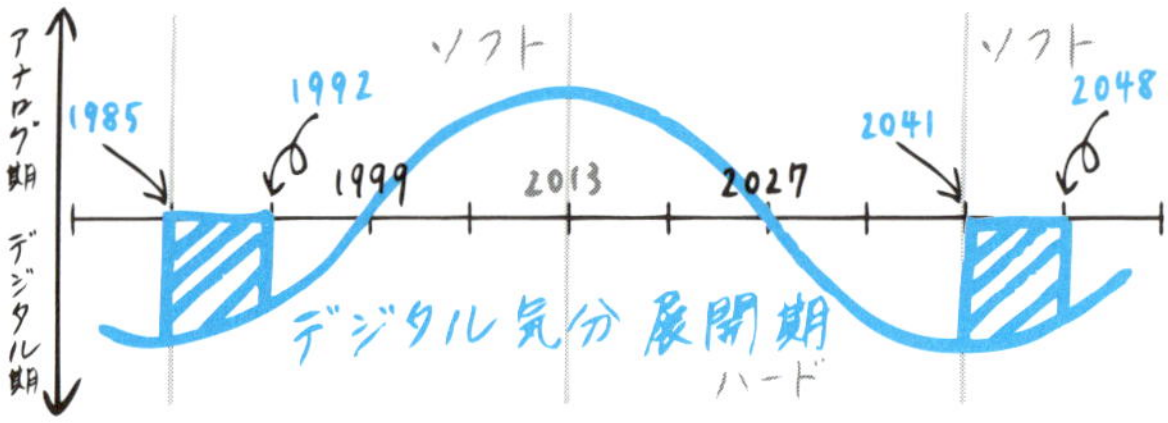

デジタル気分　展開期

［・社会気運＝上昇志向　・キーワード＝エリート］

産業が躍進を遂げたのちにくるこの展開期には、量から質への転換が起こる。人々の気持ちに上昇志向が宿り、ひたすら質の高さを目指すようになる。一方、Ｓ／Ｈビューでいえば、ソフト志向の時代に入る。ソフト志向第一期である。このため、組織に組して「機械の部品のように」働くことを好んでいた人々が、個人としての快楽を求めだす。つかんだ「あぶく銭」を浪費したがるのだ。先のデジタル気分展開期が１９８５～９２年である。上昇志向＋享楽的な気分の複合効果が、１９８０年代後半のバブル経済を生んだといっても過言ではないだろう。

先の展開期には、上昇志向に乗り、海外留学もブームになった。ＯＬたちの語学留学や、ビジネスパーソンたちのＭＢＡ取得留学が話題になった。英語は世界中で通じるグローバル言語なので、デジタル期には憧れのツールになるのだ。

折からデザイン工程の電子化により、デザイナーたちの手法でさえグローバル化の波に呑み込まれた。世界中の自動車デザイナーが同じデザインツールを使うので、世界中の自動車のラインが似てしまったと指摘する人もいた。

ニューロン短軸索リンクのもくろみどおり人々は足並みを揃え、競争にいそしむ。何も好んでグローバル化して皆と同じ「粒」になり、わざわざ競争の列に加わらなくてもよさそうなものなのに、その時代にはそれしか道がないような気がしたのだ。これこそが潜在脳のなせるわざ、感性トレンドの不思議である。

おそらく、来期（２０４１～４８年）にも、上昇志向が渦巻き、人々が儲けては浪費する時代になると思われる。その勢いの余り、この後の終焉期で痛い思いをする人々も多くいるだろうし、次のアナログ期は大衆が拝金主義を叩くことになるだろう（しかも、うっかり叩かれ役になる「金を儲けて何が悪い」とうそぶく青年が必ず出る）。しかし、そうとわかっていても人々は繰り返す。人類の進化にとっては、必要な発散には違いないから。「大衆」というのは、なんとも愛しい「生き物」である。

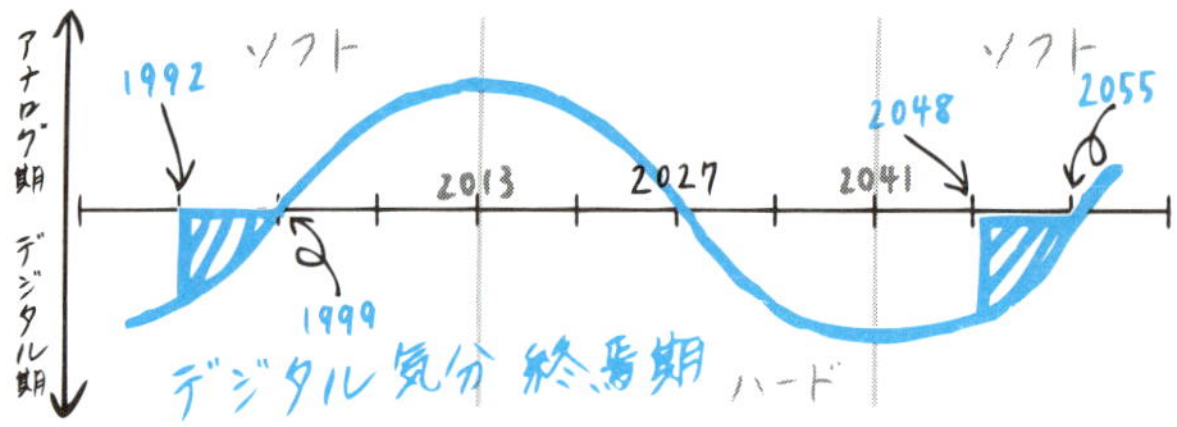

デジタル気分　終焉期

［・社会気運＝混乱　・キーワード＝失速］

人々が、最も苦しい時代かもしれない。競争に疲れ果てて、気持ちの方向性を失う時代である。

先のデジタル気分終焉期の始まりは1992年、バブル崩壊の年である。終焉期全体は、バブル崩壊後の大混乱を迎えた。

その56年前は、2・26事件が勃発した1936年に当たる。終焉期全体は、政治の混乱期となり、戦争に突入していった。

次のデジタル気分終焉期は2048年。40年も先のことなので、予測というより予言に近いようなものだが、おそらくなんらかの失速の時代に入る。

そう断言するのは、私たち人類が、7年×4の周期で変えていく生理的な周期は、地球の公転がある限り、そう簡単には変えようがないと思うからだ。とはいえ、脳が示すのは、抽象的な意識の方向性である。

具体的な失速の仕方は2050年代スタイルなので、私には想像もつかない。そして、残念ながら（幸いながら）、次の大衆の苦悩は、私自身は目撃することもないだろう。

column/2

時代の雰囲気を牽引する世代＝特異点世代

時代の波は、ゆったりと56年周期を描いて、対極の気分を行ったり来たりする。この時代の波のどこで生きたかによって、共通の性質を持つ集団が生まれる。いわゆる世代である。

ここ20年ほど、市場を華やかに牽引してきた世代がある。Ｈａｎａｋｏ世代と呼ばれる、１９５９〜６３年生まれの女性たちである。都市型情報誌『Ｈａｎａｋｏ』（マガジンハウス）の最初の読者層だった人たちだ。

Ｈａｎａｋｏ世代が現役の女子大生だったときに、ファッション雑誌『ＪＪ』（光文社）と『ＣａｎＣａｍ』（小学館）が創刊されている。現役の女子大生たちが読者モデルとして誌上を飾ったこれらの雑誌の登場から、「女子大生」は一気に華やかなブランドになっていったのだ。

Ｈａｎａｋｏ世代は、雇用均等法施行の追い風を受けて、引く手あまたで就職した。20代をバブルで駆け抜け、子どもも服にも高級ブランドを欲したアグレッシブな世代である。

この世代は、10代がデジタル気分黎明期、10代後半から20代半ばがデジタル気分ブレイク期に当たる。彼女たちが青春を駆け抜けた頃、社会全体も、何かに駆り立てられ走ってい

た。デジタル気分展開期（バブル経済）を20代後半から30代で過ごし、急成長する社会とともにオトナになった。やがて、40代前半にアナログ気分黎明期を迎え、一息つく。そして今、40代後半に気品の時代の到来で、オトナ世代が元気になりつつある。つまり、Ｈａｎａｋｏ世代は、彼女たちの生物時間と、時代の時間が連動している世代なのである。

常に自分にスポットライトが当たっているかのように歩いてきたこの世代に熟年商品を買わせようと思ったら、従来の穏やかなマダム系ラインナップでは難しい。「更年期こそ、女の花道！」みたいな掟《おきて》破りの展開も予想される。もしかすると、もう少し将来、介護用品にさえ、金のバラをプリントすることになるかもしれない。

市場を牽引し、今も衰えないＨａｎａｋｏたちの購買欲。一見華やかな人生のようだが、見方を変えれば、時代の犠牲者だったともいえるのである。

このＨａｎａｋｏ世代、思春期から40歳までの生殖期間のほとんどをデジタル期＝男性脳期に捧げた人たちでもある。Ｈａｎａｋｏ世代が結婚適齢期だったのは、１９８０年代半ば〜後半、デジタル期のど真ん中である。合理化の極みだったこの時代、ＤＩＮＫＳ（Double Income No Kids）ということばが流行語になり、子育てのようなアナログ行為は世

column/2

時代の雰囲気を牽引する世代=特異点世代

Hanako世代がイケイケギャルだった理由

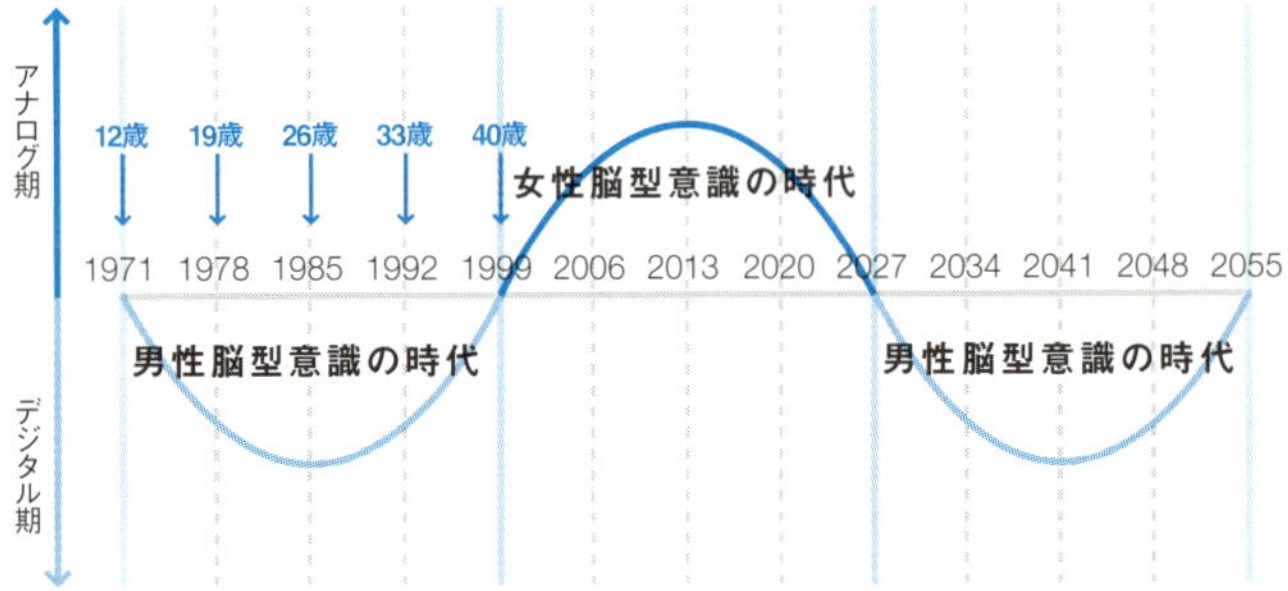

生殖ホルモン分泌期のほとんど（12〜40歳）を社会が男性脳型を尊ぶ時代に過ごしている。子どもを産んで育てるというアナログ行為を社会全体がさげすんだ時代。合理化と競争を課せられ、幸せな子育てができなかった世代ともいえる。

間から軽んじられた。

しかし、出産子育てに適齢期の女性たちが眉をひそめたこの時期、逆にベビー服市場は活性化する。高級ブランドのベビー服が売り上げを伸ばし、デパートに離乳食レストランなどが登場。コムサ・デ・モードのベビーブランドなども生まれた。

Hanako世代が牽引したベビー市場の高級化は、子育てが疎ましがられた時代に、高級ブランドのベビー服を子どもに着せ、子育てを「正当化」せざるを得なかったHanakoたちのストレス発散という見方もできる。

ちなみに、ポストＨａｎａｋｏ世代の女性たちは、女子大生ブームが女子高生ブームに移った頃に女子大生になった。彼女たちが就職戦線に臨む頃には、雇用均等法施行時に浮かれすぎたと反省した企業側が、女子の扱いに微妙なスタンスを作っていた。募集はあるものの、「先はそうそう明るいわけじゃない」と釘を刺されて就職する羽目になった。しかも、20代半ばにしてバブルが弾けてしまい、彼女たちの結婚適齢期に、社会は経済的に失速し始める。

この世代は、Ｈａｎａｋｏと比較して、明らかに現実的で応用力のある層となった。イケイケのＨａｎａｋｏ世代を反面教師にして、客観的な立場に身を置くように心がけ、アンニュイな雰囲気を愛した。よしもとばななの透明感溢れる小説に共感した世代だ。

Ｈａｎａｋｏ世代が30代になって、会社の中核を担い始めると、「おやじギャル」と呼ばれもした。たくましく生きるために、開き直って、立ち飲みもした世代である。

ほんのわずかに時代の波に遅れただけで、Ｈａｎａｋｏ世代とポストＨａｎａｋｏ世代は明暗を分けた。しかし、ポストＨａｎａｋｏ世代は、30代前半でアナログ期に突入したため、Ｈａｎａｋｏ世代よりも伸びやかに子育てを楽しんでいる世代ともいえる。どちらが女性と

column/2

時代の雰囲気を牽引する世代＝特異点世代

今度はHanakoジュニアがおもしろい

男性脳型時代に生きた母(Hanako)と、女性脳型時代に生きる息子たち(Hanakoジュニア)

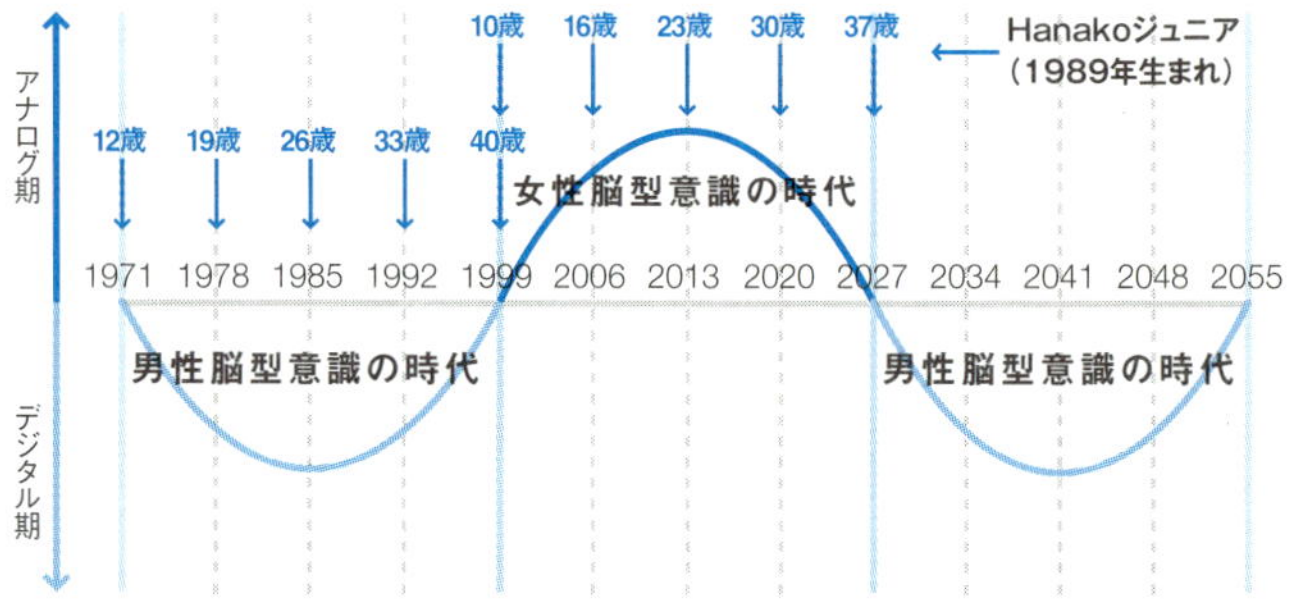

して幸せかは一概にいえない。

脳本来の生理的な特質と、時代の気分が正反対になるとき、その世代は特異点になるようだ。男性脳時代に生殖期間のほとんどを捧げたHanako世代は、女性性を否定され、その反動のようにあくなき購買意欲で市場を牽引し続け、さまざまな企業の観測点になってきた。

今度は、Hanakoジュニアの男の子たちが、女性脳時代に生殖期間を捧げる男子ということになり、次なる特異点になることが予想される。しかも、Hanakoの母たちに育てられた「純潔の特異点」でもある。

現在、Hanakoジュニアは10代後半。この世代には、尖った男気ではなく、飄々《ひょうひょう》と時代を楽し

む柔和なニューヒーローたちが登場するはずだ。ハンカチ王子・斎藤佑樹投手のような。あるいは、映画『誰も知らない』（是枝裕和監督）でカンヌ映画祭最優秀男優賞を取った柳楽優弥にも似た。いずれにせよ、この世代は、多かれ少なかれ時代の雰囲気を作っていくことになるだろう。それが、時代の波が作りだす、特異点世代の役割だからである。もう数年すれば、市場を読む際に目を離せない世代になるはずである。

何度もいうが、個に着目すれば、当然、一概にはいえない。アンニュイなＨａｎａｋｏもいれば、アグレッシブなポストＨａｎａｋｏもいる。男気溢れるＨａｎａｋｏジュニアもいるだろう。しかし、その「一塊」の動きや嗜好性には、明らかに傾向が現れる。時代や市場を読むときに見つめなければいけないのは、これら「一塊」の人たちの共通感性である。

第II部

実証・感性トレンド

1
時代のアナログ／デジタル気分を読め

感性トレンドを読み解く

アナログ気分とデジタル気分……。すべて人間は、この二大気分を持ち合わせている。そして人間は、「飽きる」という才能によって、この二大気分の間を揺れているのである。しかも、生体の持つ一定の周期性を持って。それが、第一部で述べたブレイン・サイクルだ。

大勢の人々が、いっせいに同じようなものを見、同じようなものを食し、同じようなものに触れる「大衆」という単位では、ブレイン・サイクルが揃い、大きな感性トレンドを描いている。感性トレンドとは、色かたち、味、触感、物事の考え方など、人々が無意識に示す嗜好性の波である。

感性トレンドは、流行を生み出す母胎であり、すべてのビジネスパーソンにとって、ビジネスの未来予測をする重要な指針なのだ。

第一部では、そのような「目からウロコ」の新理論について、発見から全容までを述べさせていただいた。

さて、重要なビジネスの指針である感性トレンドであるが、そのありさまはなかなか単純には語りつくせない。

形のアナログ／デジタル気分、味のアナログ／デジタル気分、触感のアナログ／デジタル気分、音のアナログ／デジタル気分、物事の考え方・捉え方（概念）のアナログ／デジタル気分などなど、脳に内在する二つの気分になぞらえて、世の中のありとあらゆる現象を二つに分けて精査する必要があるし、「化粧品のデジタル期のブランド戦略はどうあるべきか」「焼き鳥屋のアナログ期のサービスモデルはどうすればいいのか」のように、実際の商売になおして考えるときは、形、味、触感、音、概念など、すべてを再統合しなければならない。

したがって、感性トレンドをご自身のビジネスに利用していただくには、多少の知識と経験を積んでいただかなければならない。世の中の現象から、アナログ／デジタル気分を読み解く術《すべ》……。

今、目の前を走る車が、アナログ気分を刺激する車なのか、デジタル気分を刺激する車なのか。今食べたお菓子はどうなのか。今来ている服はどうなのか。そんな見方ができるようになったら、あなたも感性トレンド・ウォッチャーである。あらゆるビジネスの感性軸における正しさが見とおせるようになる。

第二部では、そのような経験を積んでもらおうと思う。

食のアナログ／デジタル気分

まずは、比較的シンプルな食べ物の世界からいこう。

アナログ気分を作りだすニューロンの長軸索連携は、数十センチメートルに及ぶ神経線に、化学反応によって微電流を流している。このため、アナログ気分が強く働く脳は、デジタル気分にかたよった脳より、エネルギーを消耗している。

脳に供給されるエネルギーは糖分である。このため、アナログ気分の強い脳は、比較的甘いものを好む傾向にある。アナログ認識を最も頻繁に働かしている12歳以下の子どもたちに、おやつに甘いものを補給するのは、理にかなっているのだ。

この脳の傾向から、アナログ期には、デジタル期よりもスイーツへの好感度が上がる。デジタル期はスナック菓子の時代、アナログ期はチョコ・和菓子の時代と大きく、くくることもできる。

アナログ気分黎明期に当たる2000年代前半には和菓子ブームが訪れ、和菓子を供する和風カフェも登場した。アナログ気分ブレイク期に突入した2006年のヴァレンタインには、チョコレートが業界全体で空前の売上高を示している。いずれも、健康&ダイエットブームの真っ最中にありながら、である。

水やスポーツドリンクが主流だったデジタル気分終焉期の清涼飲料水に、「桃の天然水」という甘い香りをつけた飲料が登場したのは1996年。味覚のデジタル期に終わりを告げるかのように、桃の甘い香りが一世を風靡した。

異素材ミックスを心地よく感じるアナログ期には、甘さ一辺倒ではなく、苦味や酸っぱさとの組合せも見逃せない。抹茶やグレープフルーツ、すぐりの実

など苦味を感じさせる食材を使ったスイーツや、いちご大福のような味覚ミックスの路線も、アナログ脳に気持ちのいいラインアップである。

いちご大福は、見た目にも、もち（白）、あん（黒）、いちご（赤）の色の異素材ミックスであり、触感でも、もち（柔らかさ、粘性）、あん（やや乾いたもっさり感）、いちご（ジューシーさ）の異素材ミックスであり、アナログ気分黎明期の大衆の心を捉えて大ヒット商品となった。

また、今期アナログ期（２００３年頃）にはやり、定番となったお菓子に、マカロンと呼ばれるものがある。マカロンは、マリー・アントワネットがお気に入りだったといわれるフランスの伝統菓子で、フランボワーズ（木苺）由来のピンク、ピスタチオ由来のグリーン、シトラス由来の黄色など、食べ物とは思えないような鮮やかな彩色が施されている。表面がサクッとしていて、中層がふんわり、芯がしっとりの触感の三重構造が人気の秘密だ。

何百年もの歴史を持つ定番菓子が今さら脚光を浴びるのも、アナログ気分のなせる技だろう。ちなみに、フランスでは、このマカロンが見直されたのと同時期に、鮮やかな色使いのエクレアがはやっている。

食べ物の形も無視できない。マカロンは、ふっくらと高さのある円盤状だ。あとで理由を述べるが、アナログ気分の脳には、ふっくらと高さのある形状が気持ちいいため、車も髪型も、「ふっくらと高さのある形状」に変わっていくのだが、もちろんお菓子も例外ではない。シュークリームやショートケーキ、モンブランなどの定番商品も、アナログ期には高さが出てくる。

従来は平たく焼き上げるしかなかったパイ菓子を、掟破りのふっくら球形に焼き上げて、マカロンなみの鮮やかな彩色を施したのが、２００６年発売のアンリ・シャルパンティエの「小悪魔のパイ」である。この商品は、発売当日から注目を浴び、ヒット商品となった。


いつの時代にも、女性は男性に較べてアナログ気分になりがちで、スイーツを好む傾向にある。そのため、いちご大福もマカロンも、アナログ期／デジタル期に関わらず永遠の人気アイテムとなっていくわけだが、アナログ期にその新作が登場しやすく、大ヒットを生みやすい傾向になる。また、定番商品でもマイナーチェンジでアナログ傾向を呈するなど、明らかに傾向が見られる。

そのほかの食材、例えば焼き鳥や肉のタレとその食べ方にも、アナログ期には甘味・コク傾向と、異素材ミックス嗜好は見られるはずである。

甘味・コク傾向、異素材ミックス（味覚、触感）、色鮮やかな色合わせ、ふっくら形状。しばらくは、この四つのキーワードで、はやる食べ物を観察してみてほしい。

さらに、紆余曲折が気持ちいいアナログ期には、「もったいぶった」サービス展開も見られるはずだ。アナログ期に人気のある店を訪れると、顧客の目の前で（時間と手間をかけて）仕上げる、ラッピングに凝るなどのひと工夫が客足を呼んでいるのを発見できるだろう。


感性トレンド・ウォッチャーになると、街角のあらゆるシーンが興味の対象になってくる。ささいなことに時代の風が見えてくる。やがてその商品がヒットするのを目撃することも多々ある。その快感を、ぜひ体感してほしい。

デジタルの直線好き、アナログの曲線好き

流行の主軸をなす洋服や髪型にも、当然、アナログ／デジタル気分が表出してくる。男たちが惚れて買う車にも、鮮やかにその傾向が表出する。デザインの世界に目を転じれば、アナログ／デジタル気分が驚くほど見えてくるのだ。デザインのアナログ／デジタル気分を語る前に、「デジタル気分の直線好き」と「アナログ気分の曲線好き」という法則をしっかりマスターしてほしい。

複雑性の高い現象を好むのがアナログ気分の脳、反対に複雑性の低い現象を好むのがデジタル気分の脳である。

点と点を結ぶとき、直線で結ぶのが、最も複雑性が低い形状となる。デジタル気分の強い人たちが、「たった一つのゴールに向かって、最短パス、最速でたどり着きたい」と願うのは、直線が気持ちいいからだ。ゴールがいくつもあったら、そのゴールを見つめる視線はたゆたう曲線になる。ホースの水を、左

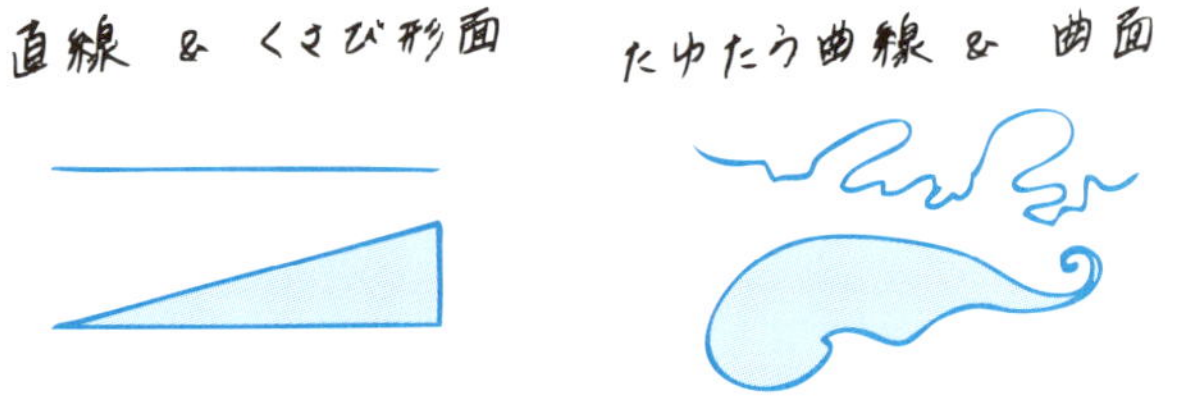

右に揺らすと、たゆたう曲線ができあがるように。

そう、この揺れるホースの水のような、規則性もなくたゆたう曲線が、最も複雑性の高い二次元形状だ。このため、アナログ気分が強く働く人たちは、紆余曲折と意外性のドラマを愛するのである。

ヒトの脳の中には、このような非常にシンプルな認識傾向、すなわち、複雑性の低い「直線好み」と、複雑性の高い「たゆたう不規則な曲線好み」があって、このことが、デザインのみならず、必然性を好むデジタル気分、意外性を好むアナログ気分のように、考え方や感じ方の傾向にまで影響を及ぼしている。

デジタルの横長好き、アナログの高さ好き

デザインのアナログ／デジタル気分には、もう一つの法則がある。それは、「デジタルの水平展開（横長好き）」「アナログの垂直展開（高さ好き）」だ。

重力場に生き、かつ飛べない動物である人類は、敵や生殖相手が水平方向から現れることのほうが圧倒的に多い。このため、横長の目をしていて、眼球を

動かす筋肉も横方向に動きやすい。垂直方向に視線を移すときには、筋肉の制御も脳内の認識も、縦方向に較べ、より複雑になるのである。

したがって、複雑性の低い事象が好ましいデジタル期には、視線を水平方向に展開させるデザイン、すなわち平たく横長のものが増える。逆に、複雑性の高い事象が好ましいアナログ期には、視線を垂直方向に展開させるデザイン、すなわちふっくらと高さのあるデザインが増えるのだ。

デジタル期の直線好きな脳が面を作れば、三角形や四角形を作り出すことになる。加えて水平展開が心地よいため、正方形よりは横長の長方形のほうが心地よい。しかも、くさび形や、「横長の長方形の片方の縦軸が短い」形なら、一つのゴールに向かう感じがあって、さらに心地よいのである。

アナログ期の曲線好きな脳が面を作れば、グラマラスな曲面形状を作り出すことになる。加えて垂直展開が心地よいため、ふっくらと高さがある形状が好ましい。しかも、勾玉《まがたま》型や涙形のように膨らみの場所がかたよっていたり（球じゃなく）、エッジが立っていたり、ギャザーが寄っていたり、フリルやリボンがついていたり、ラップ（包む）構造になると、さらに視覚認識の複雑性が上がって気持ちよいのである。

ファッションのアナログ／デジタル気分

洋服や髪型については、直線好み、曲線好みがつかめれば、ほとんど見とおせたようなものである。

デジタル気分の強い1980年代には、男性も女性も、肩パッドが目立つ逆三角形のシルエットに傾倒した。これに、ボトムをふくらませないように、細身のパンツやスカートを組み合わせる。

バブル期の「名物」ボディコンも、女性の身体の曲線を目立たせるためではなく、細身を作るためのボディ・コンシャスだった。肩に大げさなパッドを入れ、その肩から、バストやヒップがはみ出さないのが基本だったのである。

アナログ期に入り、女性のファッションは、女性の身体の曲線を活かすスタイルへと変わった。バストやウエスト、ヒップのふくらみ辺りまで肌を露出する。そうして、胸の谷間をフリルやレースで縁取る。透ける柄ものを重ね、カシュクールと呼ばれるラップスタイルにひも結びで、さらに複雑性を上げる。

男性ファッションは女性ファッションほど顕著ではないが、それでも、ワイシャツの襟が高くなるとか、掟破りの「ちょい不良《ワル》」系の流行など、複雑性の高さが認められるようになった。

ちなみに56年前の同時期にも、パンパンファッションと呼ばれるセクシー・ファッションがはやった。進駐軍向けの娼婦たちがした、肌を露出したひらひらファッションが、複雑性の高さを望んだ一般の女性たちの目にとまったのである。同時期、男性の間では、アロハシャツブームが起こった。複雑性の高い自然素材の模様が好感を呼んだのだろう。

しかし、セクシー・グラマラス＝複雑性爆発ファッションも、そろそろ飽きられてきている（２００７年現在）。２００８～9年頃には、遊び心を残したまま、まじめな伝統スタイルへの回帰が予測される。

2
自動車の感性トレンド

自動車という感性商材

さて、この辺で、精密なデザイン分析を試みよう。

自動車を題材に、細部にわたるデザインのアナログ／デジタル気分を読み解いていくことにする。

自動車は、感性トレンドの表出がわかりやすく、顕著に見られる商品である。

製品としての完成度が高いこの商材は、車種・車格ごとの機能性やスペックが比較的均一である。そうなると、スペックの僅差が重要になるものの、一方で購買決定のためには、スペックを超えて「理屈抜きでほしい」と思わせる魅力が必要になる。この理屈抜きの魅力こそ、潜在脳の判定であり、感性トレンドと深く関わる領域の出来事である。

さらに、何年かごとに買い替えていく商品なので、時代の気分を敏感に取り込んでいかないと魅力を作り出せない。奇しくも、というべきか、必然というべきか、自動車の開発スパンは、感性トレンドのひと区切りである7年に近い。実際に本書で紹介するメルセデス・ベンツの開発スパンは7年だった。

自動車の感性を作り上げる要素には、デザインのほかに、エンジン音の響き、ドアの重厚感、内装の手触り、ネーミングの語感など、いくつかの要素が関与している。しかし、一目で感性トレンドを把握していただくために、今回は、デザイン比較に絞ることにしよう。

丸い車と四角い車

アナログ期の脳には、たゆたう曲線や、うねるような三次元曲面形状が好ましく感じられるということはすでにお話しした。ふっくらと高さを感じさせるフォルムも好感度が高い。当然、アナログ期には、車のフォルムが丸くなる。一緒にライトも丸くなる。

一方、大衆が直線を好ましく感じるデジタル期には、車のフォルムは、水平方向に長いくさび形に変わる。

では、実際の写真で確認していこう。

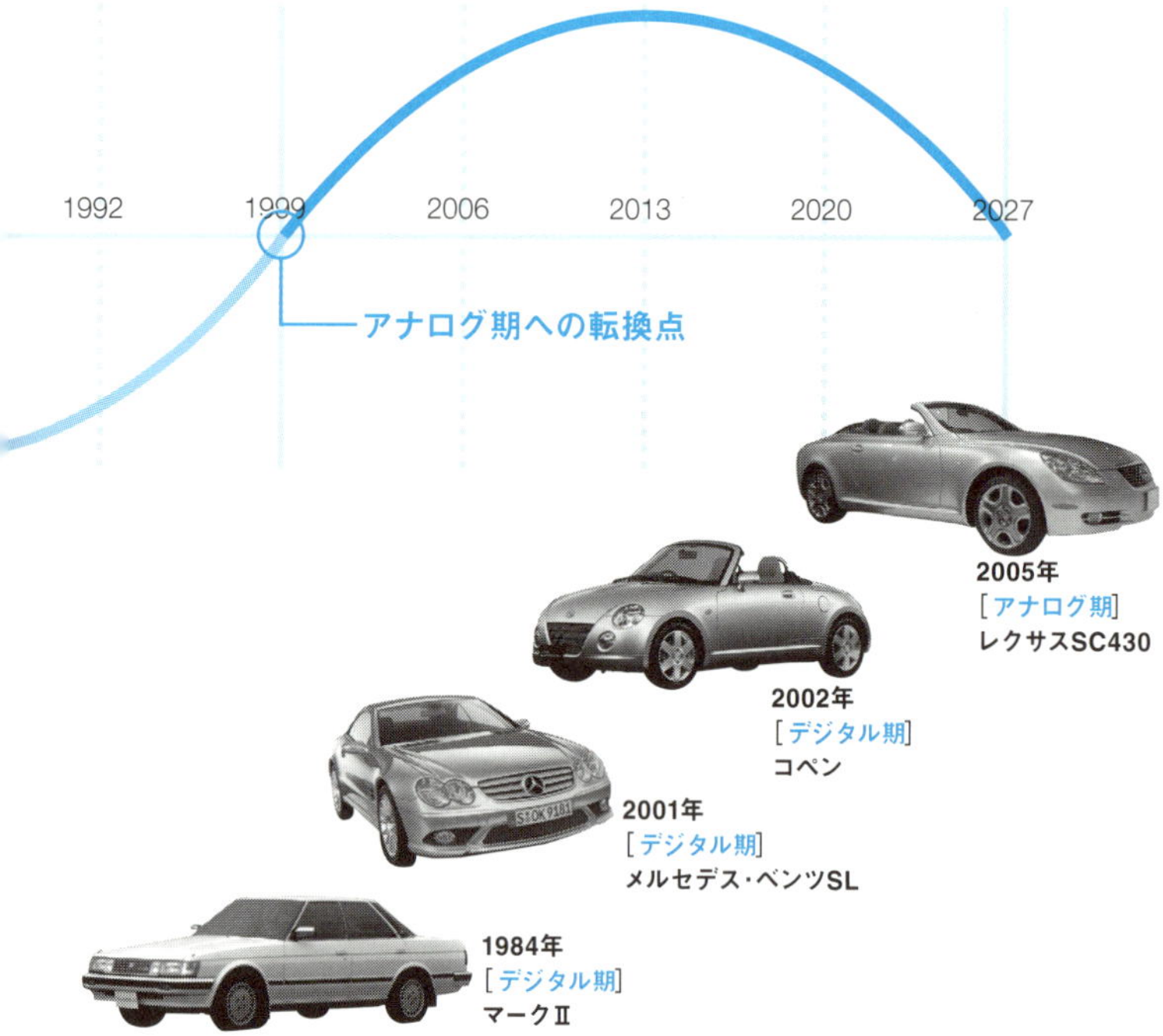

ここに注目！ 車のボディーラインを見よ！

- 今期のアナログ期への大転換は 99年。その直後から発表されている 2001年以降の車は丸い基調に戻っている。曲線と曲面が多用されたグラマラスなボディーラインへと回帰している。

丸い車と四角い車の検証

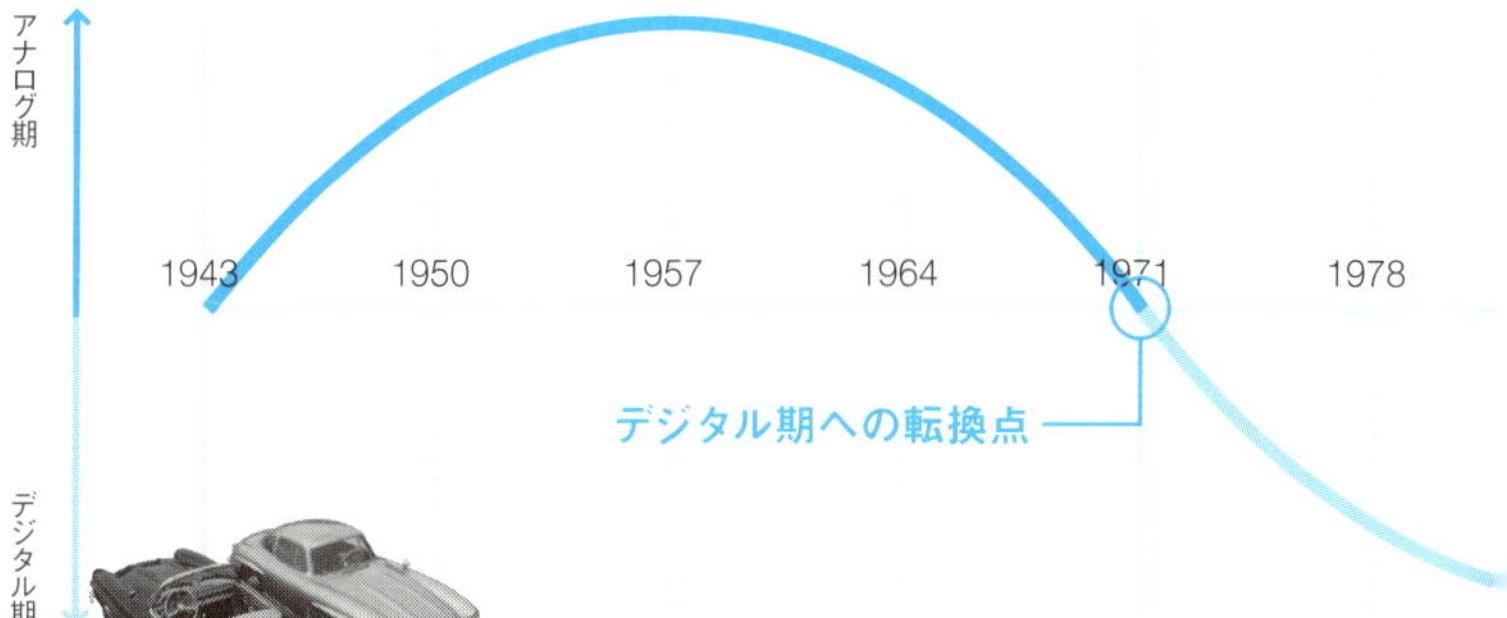

（右）1954年＆（左）1957年
［アナログ期］
メルセデス・ベンツSL

1957年
［アナログ期］
コロナ

1981年
［デジタル期］
セリカ

1981年
［デジタル期］
ソアラ

ここに注目！ 車のボディーラインを見よ！

- 前期のアナログ期ピークは 57 年。曲線で構成され全体的に丸いフォルム。曲面と曲線が多用されグラマラスなラインが強調されている。
- デジタル期ピークは 85 年。直線で構成され、曲線からシェイプなフォルムに変わってきた。

前期のアナログ期（1943〜70年）には、「曲線基調で丸いライン」を持つ車が街中を走っていた。今の時代に共通しているのだ。この特徴は、自動車に限らずアナログ期の製品デザインに見受けられる。当時、製作された映画やドラマには、取っ手の丸い冷蔵庫、受話器の丸い黒電話、ちゃぶ台といった身の回りの電化製品や生活用品などに丸いデザインが多いことに気づく。

デジタル期（1971〜98年）の大衆の意識は、「直線基調の四角いライン」を持つ車が気持ちいい時代になる。ファッションや髪型にも直線や四角さが見られる。男性の髪型は、もみ上げを落とし直線を表現したテクノカット、女性は、ワンレングス・ボブ（略してワンレン）といって、髪はストレートにし、前髪から後髪までを同じ長さにまっすぐに切り揃えていた。これらを思い浮かべるとイメージしやすいだろう。

そして1999年のデジタル期からアナログ期への転換点から、大衆の意識は、再び、丸いラインを持つ車を心地よく感じるようになってきた。

空気抵抗を減らすデザイン

ここでもう少し、車のボディラインについて掘り下げてみよう。自動車はスピードが出れば空気抵抗が増す。この空気抵抗を減らすデザインは、曲線で描かれる「ティアドロップ型」と直線で描かれる「ウェッジシェイプ型」の二つに大別できる。もうおわかりだろうが、ティアドロップ型は当然アナログ期に、対するウェッジシェイプ型は、デジタル期に好感度が上がるデザインだ。

自動車といっても、レーシングカーやスポーツカーなどがあるが、本書では乗用車を取り上げる。乗用車は、トランクや室内が広いといった日常の使い勝手を考慮に入れてデザインされる車にも関わらず、この二つの特徴が「傾向」として見られるからだ。広く深いトランクを確保すれば、完璧なティアドロップ型は描きにくいし、大きなエンジンをフロントに搭載すれば、完璧なくさび形にはなりにくい。しかし、その制約された条件下で、わずかな「傾向」を捉えることが感性トレンド分析だ。

わずかな差を、大衆の潜在脳は見逃さない。私たち感性アナリストも、まずは、「気になる」というところから始まる。この時代になぜ、このデザインが気になるのだろうと、細かいデザイン属性に着目し、改めて、少しのアナログ傾向を見つけ出したりしているのである。感じるということの分析からは、主観を排除するわけにはいかないのだ。

第Ⅰ部でご紹介したスガワラトレンド研究所所長の菅原氏も、わずかな違いを見逃さずに、デザインの周期性を発見している。氏はある日、販売台数トップテンの自動車の画像を、年代別に並べ、デザインだけを見ていった。すると、ヒップの上がり下がり、裾広がり・裾すぼまりなど、デザインの汎用特性が見えてきたのだという。その特性の一つが、ある年、トップテンのほとんどの車で揃ってしまうことがある。やがてそこに、わずかに変化が見られる車が飛び込んでくる。その車の販売シェアが翌年から伸びたとき、その特性は数年後のシェアトップテンに入る車の主流デザインになっていく。菅原氏は、この繰り返しを追うことで、デザインの7年周期を見事に発見しているのだ。

空気抵抗を考慮したデザイン

ウェッジシェイプ型

ウェッジとはくさびのこと。空気を切り裂くような鋭いデザインである。

特徴

直線で構成
前下がりで尻上がり

ティアドロップ型

ティアドロップとは涙のしずくのこと。空気をうまく流すようなデザインである。

特徴

曲線で構成
前上がりで尻下がり

前上がり尻下がりの「ティアドロップ型」と、前下がり尻上がりの「ウェッジシェイプ型」の特徴の違いを、左ページにあるメルセデス・ベンツのSLシリーズで検証してみよう。

●リアラインの傾斜具合

初期のアナログ時代には、乗用車にも関わらず見事に再現されている。そして、デジタル時代に入ると、リアラインが上がってきて水平になる。今期のアナログ期では、再び尻下がりのデザインに戻ってきている。

●フロントラインの傾斜具合

前期のアナログ期の車は、リアが尻下がりなのに比べてフロントノーズには高さがある。そして、フロントのラインとリアのラインが徐々に水平になり、前下がりのラインへと移行している。

SLで見るフロント&リアラインの傾斜

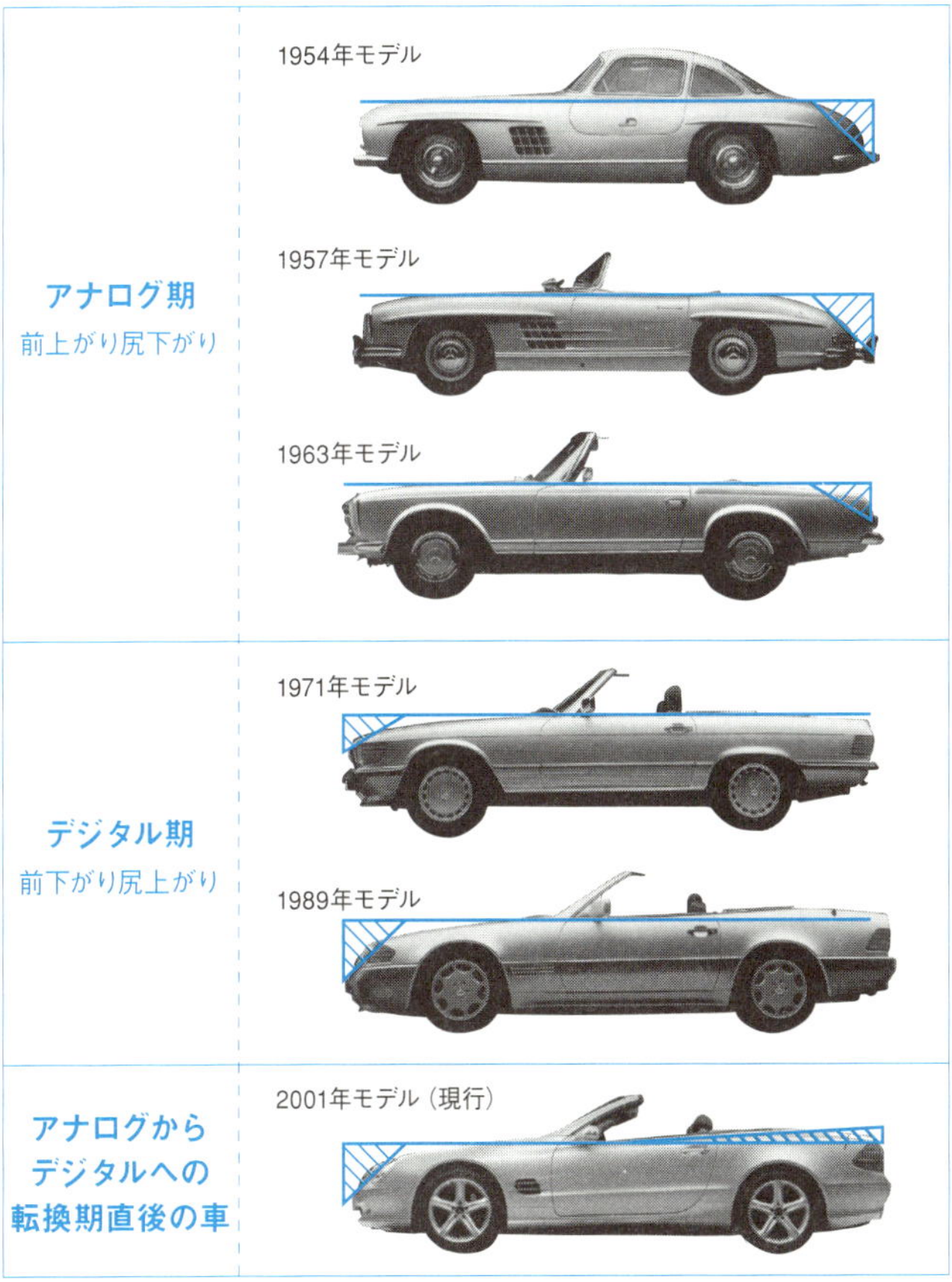

2001年モデル

SLシリーズを取り上げたのは、初代から一貫して「SL」という単一ネーミングでモデルチェンジを繰り返してきた数少ない車種の一つだからだ。そして、世界での認知度も高く人気も博しているからである。

ここで、フロントが前下がり（デジタル傾向）になっている2001年モデルに注目してほしい。これは、デジタル期に車のデザインが行なわれ、アナログ期に発売された経緯がまざまざと見える車だ。時代の転換点のモデルには、こういった名残が現れる。

また、このモデルは、同じアナログ期に登場した初代のSLをモチーフにしたという。前期のアナログ期に心地よいとされたデザイン傾向は今期アナログ期でも当然心地よく感じる。大衆の意識がアナログ期の特徴を心地よいとする傾向にあるからだ。流行が繰り返す理由はここにある。

自動車に限らず、過去のデザインをヒントにして、現在の商品のデザインをする場合、アナログ期なら前期のアナログ期、デジタル期なら前期のデジタル期に流行したものや成功したことを参考にするのも一つの手段である。ここを知らずにアナログ期に過去のデジタル期のデザインを参考にしても大衆の意識には響かない。大衆の意識の志向性が正反対であるからだ。

ただし、流行は繰り返すといいながら、繰り返すのは「同傾向」なのであって「同型」ではないことにご注意願いたい。例えば、自動車では56年の間に技術が進歩し、法律も改正されている。空気力学が進歩した結果、空気抵抗が減り、燃費の向上につながった。燃費向上は消費者にとって重要な購買ファクターの一つだ。衝突安全性の確保は、法律が改定されているので無視することはできない。このような要件によって、踏襲できないデザインも生じてくる。

さらに市場も、レトロな完全復刻版を求めているわけではないのである。産業製品には、進歩性が不可欠である。進歩性はデザインでも見せる必要がある。進歩性を見せつつ、過去のデザイン傾向を上手に踏襲する。このさじ加減がうまくいけば、この2001年モデルのSLのような絶妙なフォルムが生まれ、人々の心をつかむことになる。

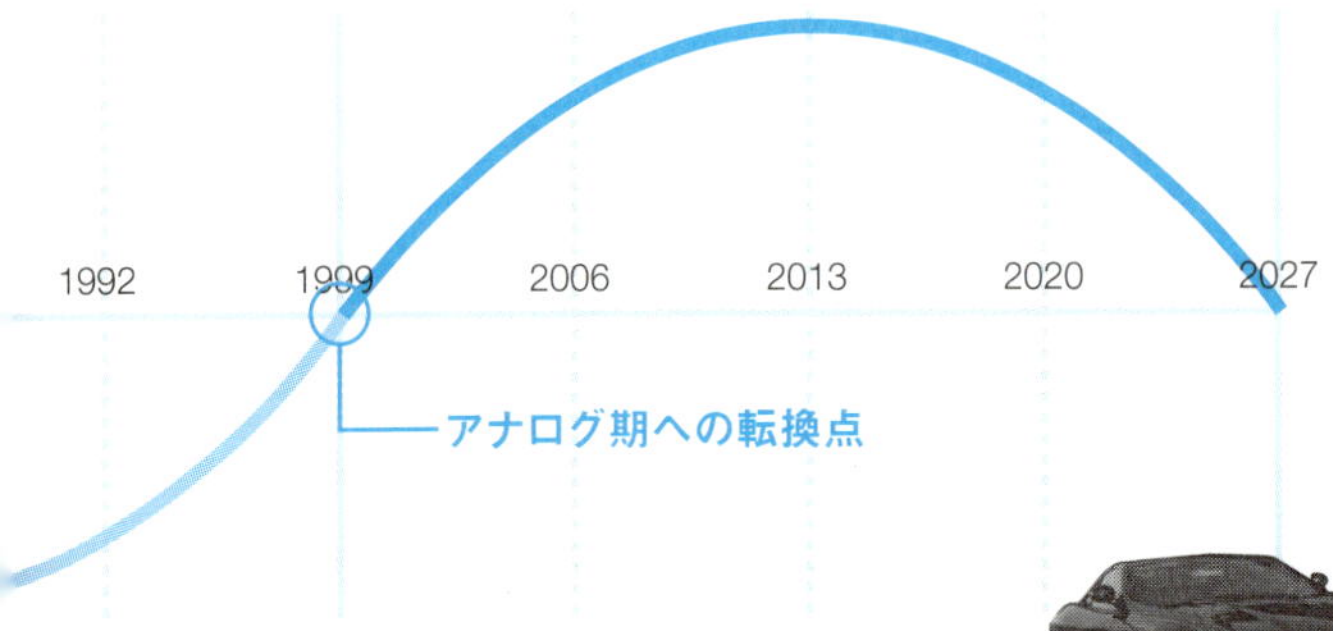

2004年SLRマクラーレン
[アナログ期]
ライトからボンネットに続くふくらみがある。

2001年モデル
[アナログ期]
ボンネットが曲線で構成されている。

1989年モデル
[デジタル期]
フロントが前下がり。ボンネットはプレスラインのみにアクセントが。

➔ ここに注目！ ライト形状を見よ！

- **アナログ期の初代SLと63年のフロントライトは、曲線基調である。デジタル期に転換した71年と89年はライトが直線基調に変化してきた。再びアナログ期に戻った2001年モデルではヘッドライトが丸い。2003年も引き続き、丸いライトが採用されている。**

メルセデス・ベンツSLで検証

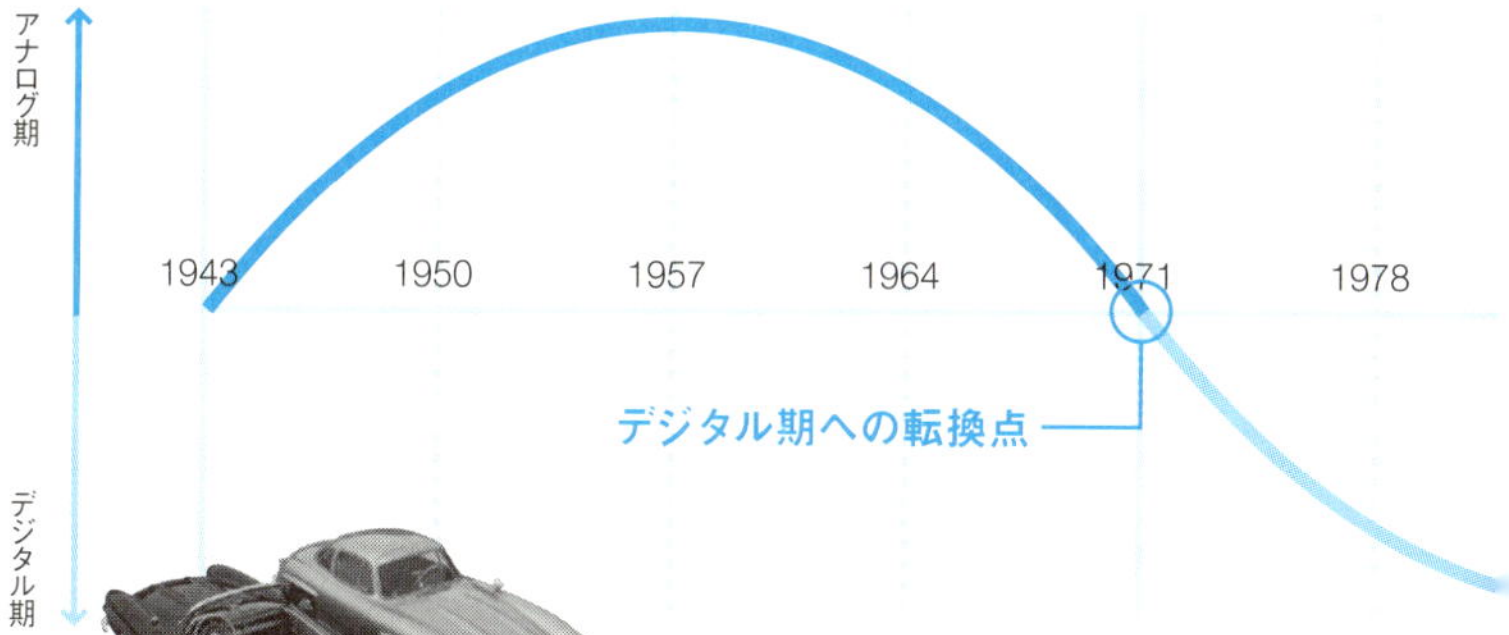

(右)1954年＆
(左)1957年モデル
[アナログ期]
ボンネットもリアのトランクも曲線で構成され、非常にグラマラスでデコラティブ。

1963年モデル
[アナログ期]
リアのトランクが水平に、ボディーは平面になってきた。

1971年モデル
[アナログからデジタルへの転換期]
ボンネットからトランクへの横のラインは直線基調。

ここに注目！ ボンネットのふくらみを見よ！

- **初代SLのヘッドライトからボンネットの続く盛り上がりはアナログ期の特徴。89年では、平坦なプレスラインに。2001年では、初期のモデルに見られたライトからボンネットへと続くふくらみも復活。2004年ではボンネット中央部のふくらみが復活し始めている。感性トレンドの正弦波どおりに、ボンネットのデザインが曲面多用から平坦になりまた曲面多用になってきている。**

横のライン

メルセデス・ベンツのように、前期のアナログ期からデジタル期を経て今期のアナログ期まで、そのブランド名を残している車は少ない。車名変更や生産中止になってしまう車が圧倒的に多いからだ。

そのなかで、日本を代表する高級車・トヨタのクラウンは、車名ブランドを残している車の一つだ。メルセデス・ベンツ同様人気が高く、消費者に支持されてきている。同じ高級車として、レクサスブランドの展開があるのだが、前期のアナログ期はもちろんのこと、先のデジタル期にも存在しなかった。

そこで、そのクラウンを検証していく。

ここでは、車を横から見たときの「ライン」に注目してみよう。

注目したい箇所は、サイドドアモールだ。サイドドアモールとは、フロントバンパーからドア、そしてリアバンパーに一直線に見えるドアの傷を防ぐプロ

テクトモール（傷つき防止のためのパーツ）のこと。デジタル期（１９８５年前後）のモデルに必ず見られるデザインだ。アナログ期には目立たないので、その違いがわかる。

もう一つは、ウエストライン（ショルダーラインともいう）。ウエストラインとは、窓下にあるドアのラインからトランクやボンネットへと続くラインである。これは、サイドドアモールのようなパーツではなく、ボンネット、窓下、トランクをつなぐ基本ラインである。

デジタル期（１９８５年前後）のウエストラインは一直線に見えるが、アナログ期にはトランクが尻下がり傾向になったり、ボンネットが高くなったりするので、一直線ではなく多様なラインを描いている。

では、実際に確認してみよう。

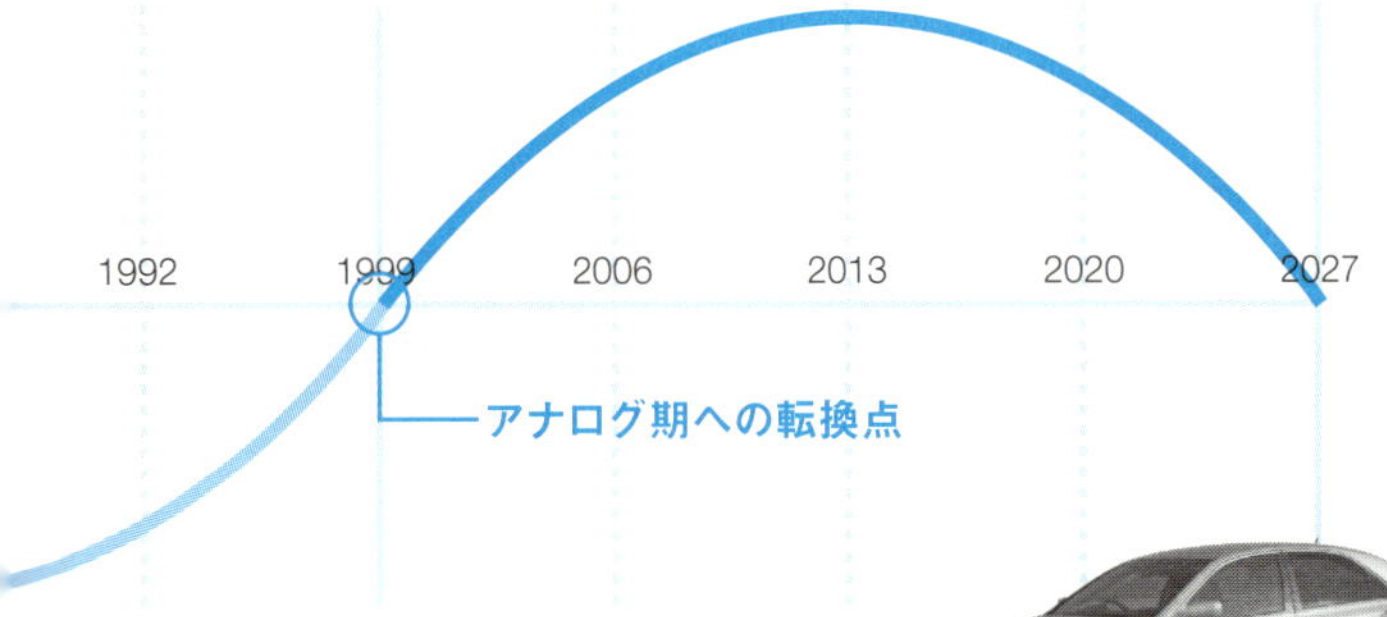

ここに注目！ サイドドアモールを見よ！

■ 顕著なのは、83年と87年のモデル。両モデルは、直線を気持ちよいと感じるデジタル期ピークに当たる。実は、サイドドアモールはデジタル期の特徴なので、アナログ期のモデルにはあまり強調されていない。横一直線のサイドドアモールがデジタル期ピークにのみ現れるという現象は、ほかの車種や他メーカーの車でも同様に見られる。

クラウンで検証

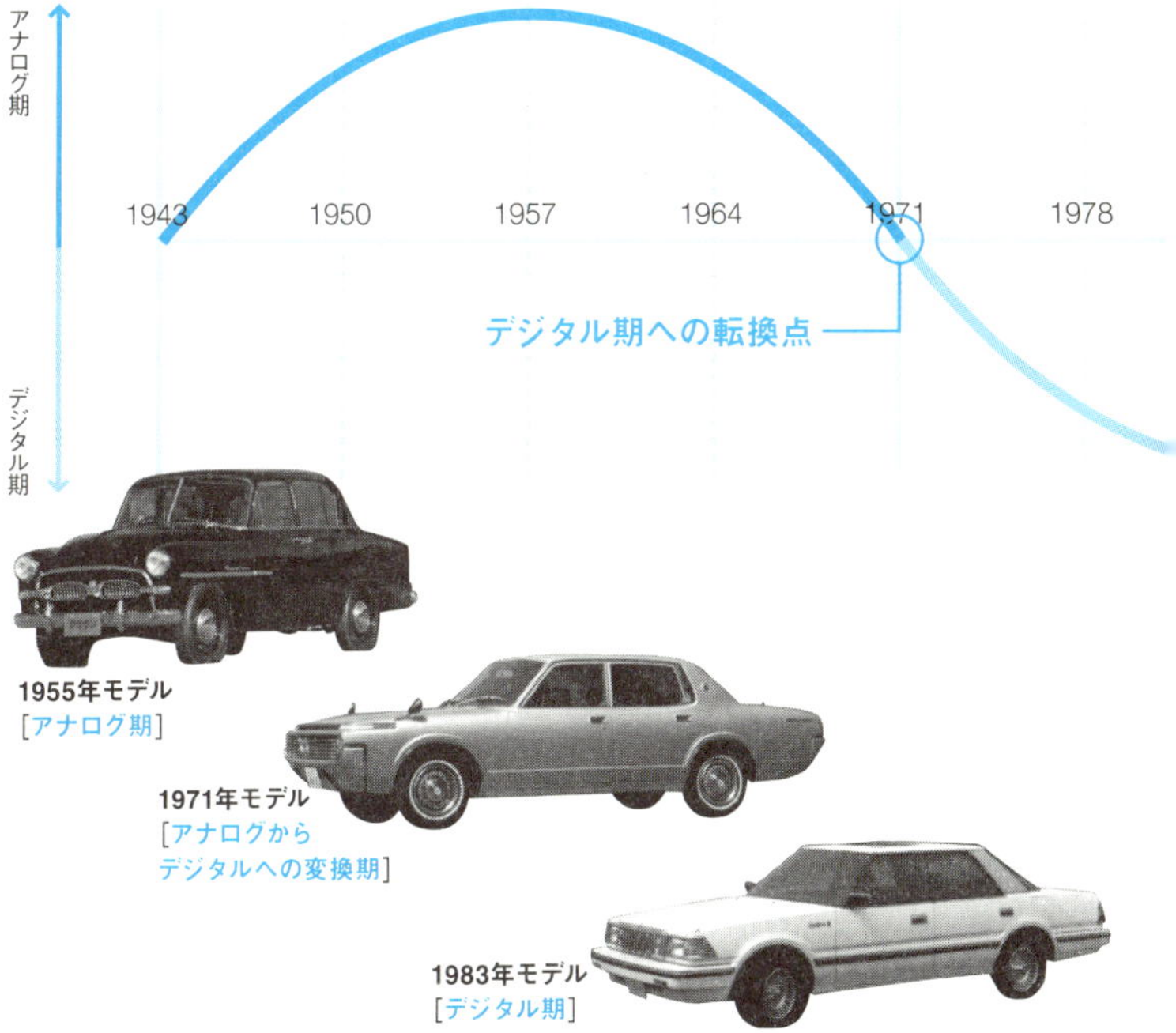

➔ ここに注目！　ウエストラインを見よ！

- **55年は、一直線ではなく尻下がり。デジタル期に入った71年モデルでは、一直線になりつつある様子がわかる。一直線にはっきりと見えるモデルは、デジタルピークの83年と87年。91年では尻下がりになり、ボンネットも丸く、ウエストラインは曲線に変化。アナログ期に入った2003年モデルではフロントは丸く、リアは尻下がり傾向で、ウエストラインは複雑さを増している。**

世界一売れているカローラ

メルセデス・ベンツ、クラウンと同様、車名が発売当時から現在まで受け継がれているトヨタのカローラ。大衆に長く支持されている車である。日本のモータリゼーションとともにその販売台数を伸ばし、日本では首位の座をほぼ守り続けている。

カローラが、いったいどのくらい売れているのか紹介しよう。

世界で最も売れたとされる、フォルクスワーゲン・ビートルは58年間（1945年発売、2003年販売中止）で2153万台を販売（フォルクスワーゲングループジャパン調べ）。一方、カローラは40年間（1966年発売、2006年時点）で3233万台も売れているのだ（商用車含む、トヨタ調べ）。

これを一年間の販売台数に換算すると、ビートルが年間37万台、カローラは

80万台という驚異の数字。ビートルの二倍も売れている計算になる。

また、このカローラは世界の中古車市場でも非常に人気が高い車である。自動車オークションの世界では、世界中から大勢の中古車バイヤーが日本にカローラを求めてやってきている。

車は非常に完成された工業製品であり、ここ100年の間、基本構造は変わっていない。機能で劇的に差別化できる部位はほとんどないのだ。しかも、古今東西たくさんの男たちが、この商材での成功を夢見てきたのである。

そのような激戦区で、これだけの圧倒的な人気を誇るには、技術力と経済性だけではない、大衆感性をつかむ秘密が見出せるはずである。

ここでは世界一需要の多いカローラを題材に、これまで見てきた「丸と四角」「ティアドロップ型とウェッジシェイプ型」「サイドドアモールとウエストライン」という三つの観点から総合的に検証していこう。

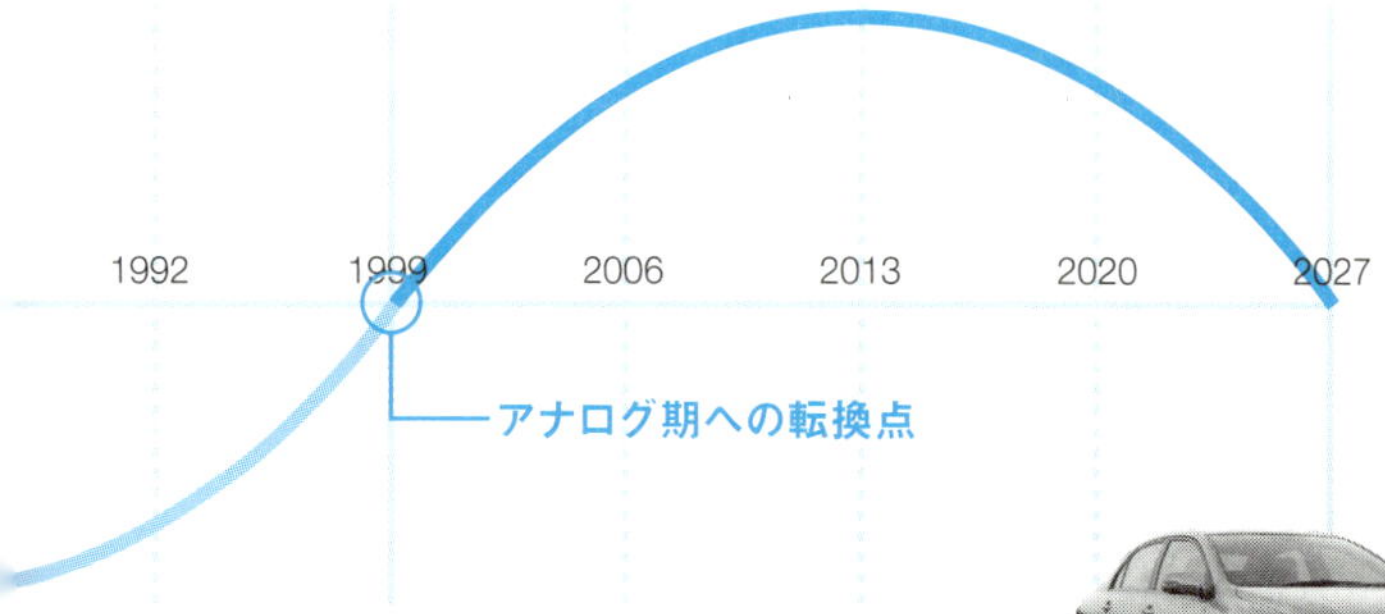

1987年モデル
[デジタル期]
曲線が目立ち始めているが、サイドドアモールははっきり出ている。

1991年モデル
[デジタル期]
曲面が目立ち始めるが、ウエストラインが直線基調。

2006年モデル　アクシオ
[アナログ期]
窓の下のドアにふくらみを持ち、尻下がりのトランク。

→ ここに注目！ ボディーラインを見よ！

- **66年と70年は、ティアドロップ型。アナログ期の特徴である。79年ではトランクが水平になり、91年モデルまでデジタル期の特徴であるその傾向は続く。2006年では尻下がりでボディーが曲面で構成され、アナログ期に戻ったことがわかる。**

カローラで検証

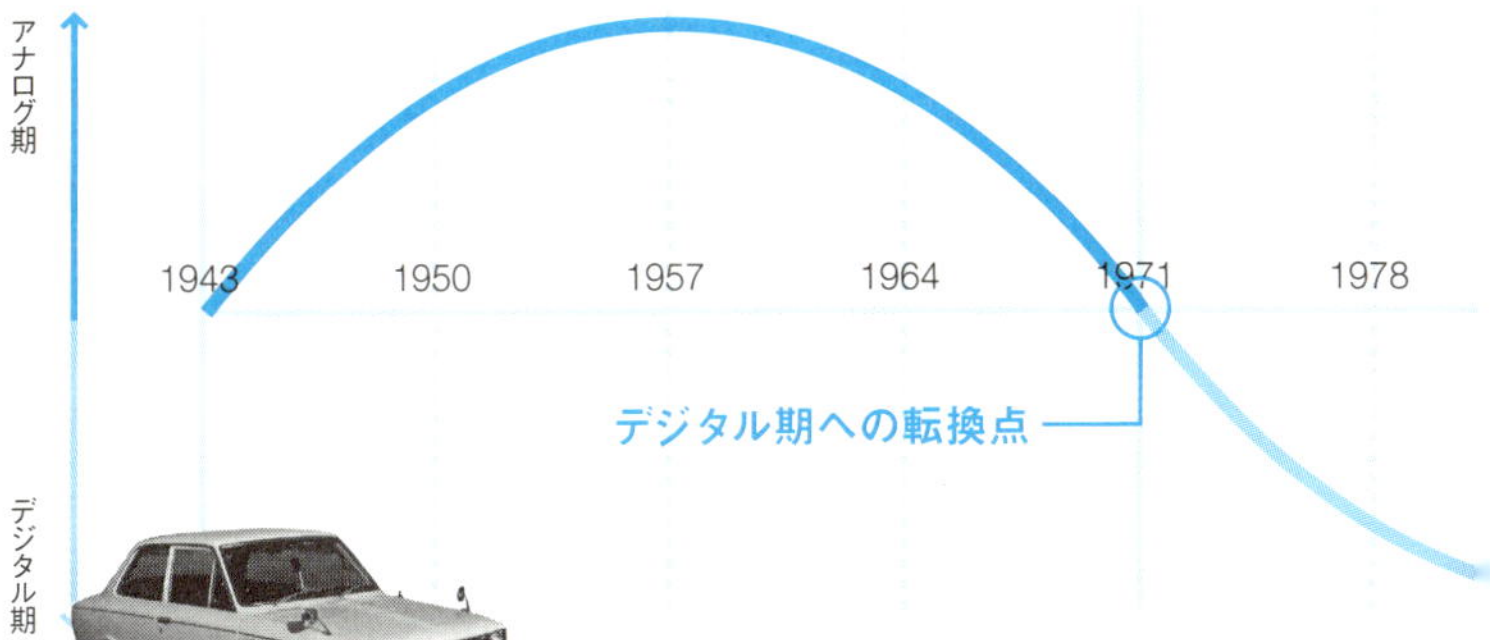

1966年モデル
[アナログ期]
ボンネット中央部にふくらみを持ち、尻下がり。

1970年モデル
[アナログ期]
ところどころ直線的要素が出つつ、トランクは尻下がり。ボディーが平坦になり、アナログ期終焉をものがたる。

1979年モデル
[デジタル期]
すべてが直線基調。文字どおり真四角な車。

→ ここに注目！ サイドドアモールとウエストラインを見よ！

- **サイドドアモールは、デジタル期ピーク直後の87年モデルに確認できる。直線が最も気持ちよい時代だからだ。**
- **ウエストラインは、66年と70年がトランク尻下がりのために曲線を描くアナログ期のデザイン。79年と87年は、トランクが水平、ウエストラインが一直線。デジタル期の特徴が顕著だ。**

ディテールに見る感性トレンド

自動車全体のデザインのみならず、ディテールのデザインでも、感性トレンドとの相関がはっきりと見えてくる。

写真でお見せできないのが残念だが、内装のデザインまでも相関関係にある。

例えば、運転席周りのメーター類は、アナログ期は丸いデザインが多い。デジタル期は四角い直線基調のメーターが主流になり、文字どおりデジタルメーターさえも多くの車が採用した。このデジタルメーターを今期のアナログ期に発売された車に見ることはほとんどない。もし採用されていたとしても、古臭い感じを受けるだけだ。

また、メーターだけでなく、ステレオやヘッドレスト（シート上部の枕）エアコンを操作するブロックやエアコンの吹き出し口さえもがデジタル時代には直線で形成されていたのである。今期のアナログ期に入ってからは曲線で形成

されているものが多い。

外装パーツの細かな所にも感性トレンドの変遷がきっちりと現れる。

例えば、カローラのエンブレムは、英語表記「COROLLA」の頭文字である「C」をモチーフにしている。この「C」がアナログ期には曲線で作られ、デジタル期には直線で描かれている。

また、サイドミラー（次ページで確認できる）のデザインでも、それがよくわかる。前期のアナログ期では、フェンダーミラーが曲線でかたどられているが、デジタル期には直線基調になる。そして、1983年モデルから、ドアミラーが採用されたが、これも直線基調。その後のモデルからは角が取れて、徐々に丸くなっていき、2000年モデルでは曲線と曲面で構成されている。

では、カローラの「フロント」と「リア」の正面を並べながら、ヘッドライト、テールライト、ウィンカー形状の変遷を追ってみよう。

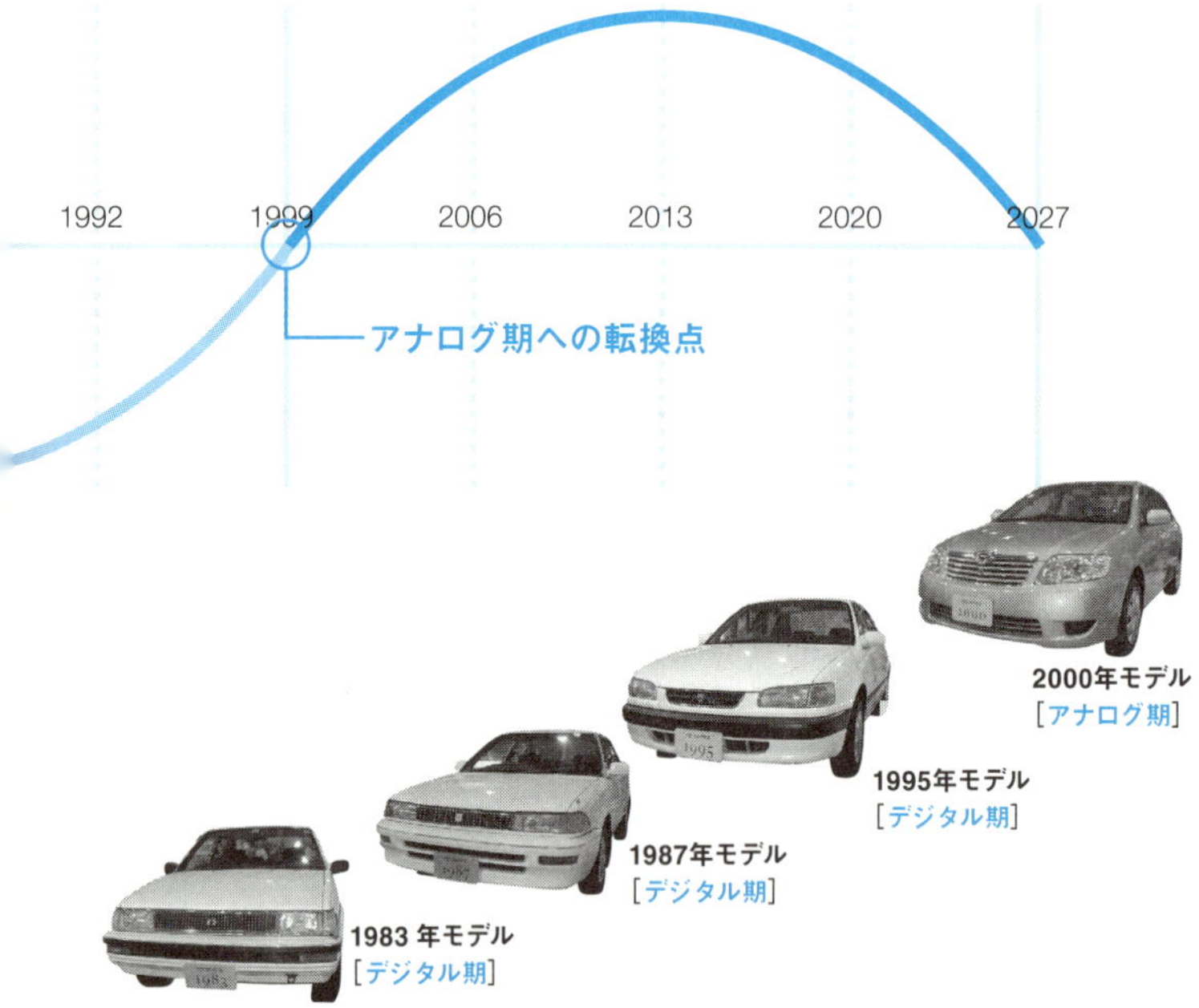

ここに注目！ ヘッドライトを見よ！

■ 丸いヘッドライトはデジタル期中盤の79年まで続く。当時の技術では、四角いヘッドライトの採用がまだ難しかった。このためボディーが直線基調になってもヘッドライトのみ丸かったが、ライトの配置や縁取りなどで横長に見せるデザインに仕上げている。83年には綺麗な長方形に。87年で少し角が取れ、95年では丸さが目立つ。2000年では角の丸い異形ヘッドライトになり、その中にプロジェクターライトがしっかりと丸を形成している。

カローラのフロントで検証

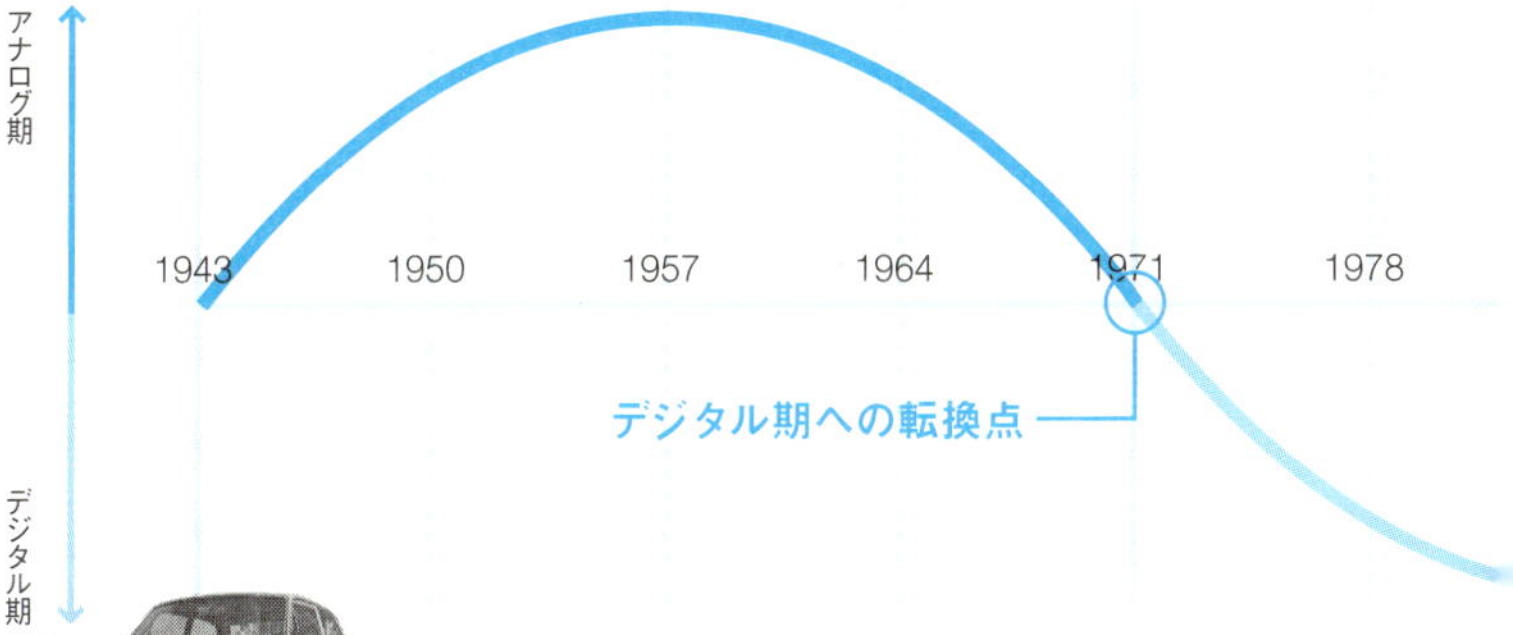

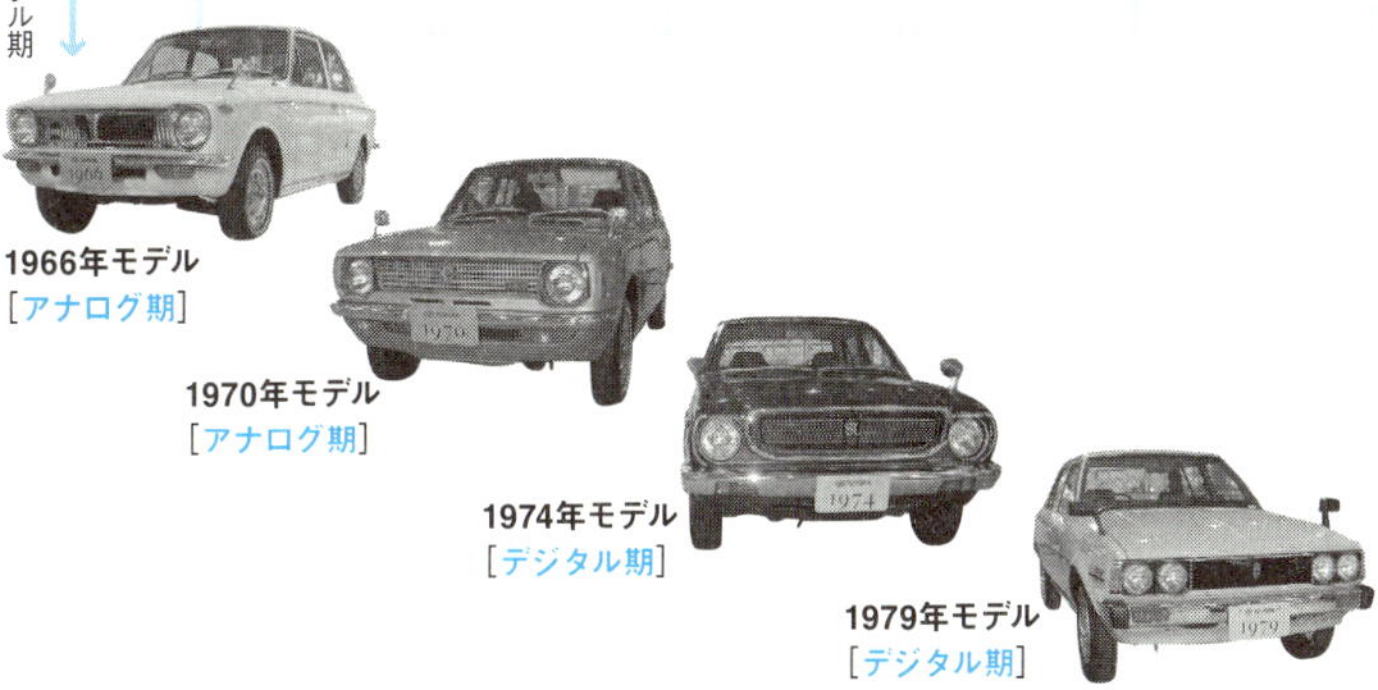

→ ここに注目！ ウィンカーを見よ！

- 初代カローラは曲線基調。アナログからデジタル転換期の70年は半分が曲線、半分が四角である。アナログ期からデジタル期への転換に合わせるように両方の要素が顔を出している。74年では直線基調になり、83年では綺麗な長方形に。デジタル期ピークを過ぎた87年から角が丸くなり始める。2000年ではウィンカーが一体化され、ヘッドライトのデザインの複雑性が増している。

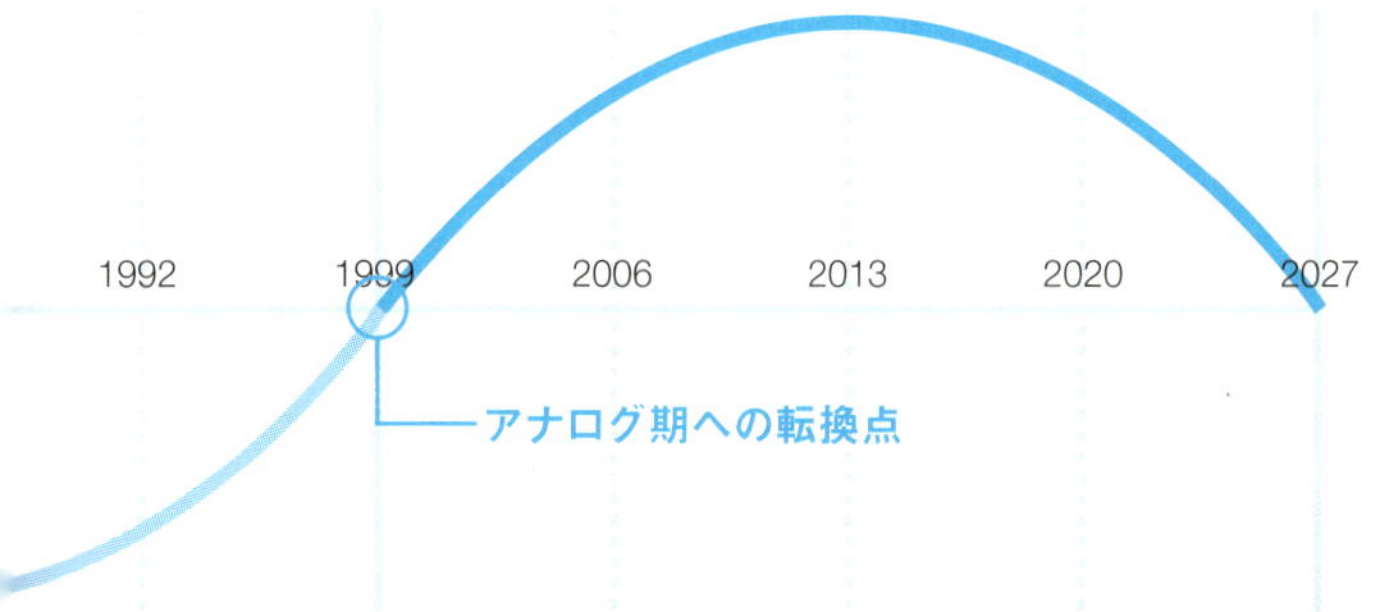

1983 年モデル
[デジタル期]

1987 年モデル
[デジタル期]

1995 年モデル
[デジタル期]

2000 年モデル
[アナログ期]

ここに注目！ テールライトを見よ！

- 66年は縦長だ。これはアナログ期に「高さのある事象が気持ちよい」ことの表れ。逆に、デジタル期には水平方向を強調したデザインに好感度が上がる。デジタル期ピーク前後の83年と87年モデルに関してはナンバープレートにまでテールライトが広がっている。デジタル期の水平展開好みがそのまま体現されたような変遷である。95年モデルでは横広がりが短い。2000年ではアナログ期の高さが気持ちのよい縦長のデザインに変化している。

カローラのリアで検証

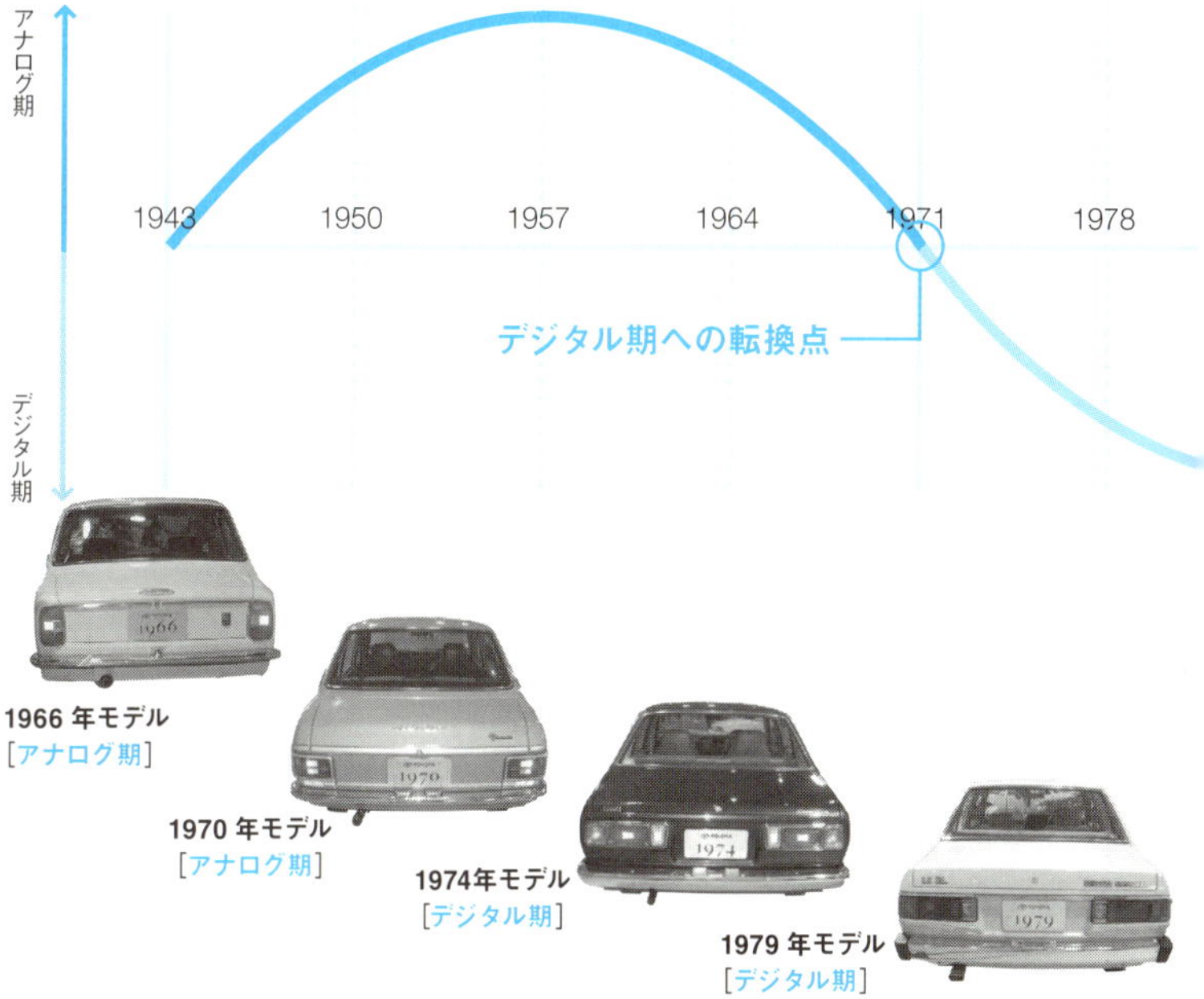

ここに注目！ トランクを見よ！

- **66年と70年は尻下がり傾向。ティアドロップ型のアナログ期の特徴が出ている。74年ではトランクが直線で構成されデジタル期のデザインに転換してきた。79年モデルでは真四角に。87年のモデルから再び角が取れ始め、95年モデルではかなり曲線が顔を出す。2000年ではふっくらとしたラインになりアナログ期のデザインに戻っていることがわかる。併せてトランクに高さが出てきている。アナログ期の高さ好きはここにも表われている。**

水平展開／垂直展開のまとめ

ここまでに、テールライトの長さと幅が、デジタル期からアナログ期にかけて、横長四角から、ふっくら縦丸に変化したのは顕著に見て取っていただけたと思う。

繰り返し述べているように、デジタル期には複雑性の低い現象が心地よいため、直線&四角&水平展開のデザイン傾向が表れる。アナログ期には複雑性の高い現象が心地よいため、たゆたう曲線&ふっくら曲面&垂直展開のデザイン傾向が表れる。

その垂直展開の表れとして、アナログ期にはテールライトが縦長になり、トランクに高さが出るのだ。

そして、水平展開の表れとして、デジタル期のテールライトが横へ広がり、トランクが長くなる。さらに、サイドドアモールの一直線もまた、水平展開の

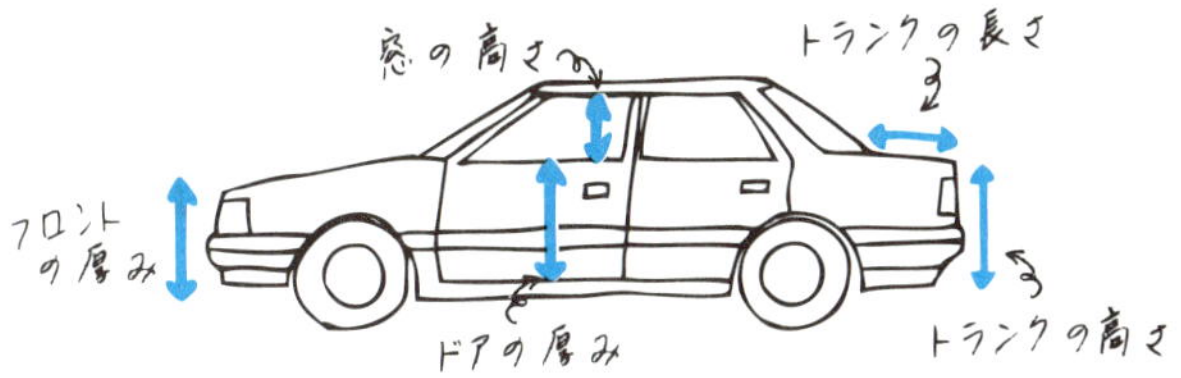

表出にほかならない。

アナログ期のど真ん中、１９８５年前後の車においては、トランクやボンネットは横から見たときの長さが長い。全体に平たい印象なのだ。

これに対し、アナログ期にはボンネットの高さが目立つようになる。横から見たときに厚みを感じるデザインだ。事実、真正面から見ても、大袈裟なくらいにフロントに厚みがあるのが、２００７年初期の車全体の傾向なのである。

一方、トランクは、横から見たときの長さが短くなってきている。長さを短くして、高さを強調するという流れになっているのだ。車種によっては、明らかに収納効率をもっと上げられるのに、あえてデザイン重視で短くなっているケースも見受けられる。

ＳＵＶカー（スポーツ用多目的車）は、高さを一段と強調できる車種である。おそらく、昨今のＳＵＶカー・ブームは、高さが気持ちよい時代＝アナログ気分ブレイク期に突入したことと無関係ではないと考えられる。

3
アナログ期は動物的

自動車に見られる動物的デザイン

左ページの車は、2003年の東京モーターショーでコンセプトカー（ショーモデル）として出展された。前後からの画像は、うさぎにそっくりである。

これは、かなり恣意的かつ劇的に動物顔を作っているが、アナログ期には、乗用車であっても、フロントが動物の顔に見える車が多く見受けられる。

実は、ヒトの脳は、アナログ期に「顔認識」が気持ちよくなるという特性があるのだ。ヒトの脳のアナログ認識（複雑系認識）で最も優先的に働くのが「顔認識」だからである。生まれたての赤ちゃんにとって、母親の顔認識は、生命維持のために必須の機能だ。このため、脳には、生まれつき「二つの揃った丸い形を見つければ注視し、目に見立てる」癖がある。

大人になってもアナログ気分活性期には顔認識のスイッチが入りやすく、顔のように見えるものに対する好感度が上がるというわけである。

「動物顔」は、アナログ期の車のデザインに欠かせない属性となっている。

アナログ期の動物的造形

うさぎ似

2003年東京モーターショー　コンセプトカー　CSS

ライトはまるで目のようだ。運転席と助手席の前後に存在するボンネットとリアのふくらみはうさぎの耳のようである。鼻先は丸く動物的。鼻先の下には、ヒゲのように見えるエアーダクトが切ってある。

背びれふう

今期のアナログ期には、イルカの背びれのような造形も見ることができる。これは、アンテナである。

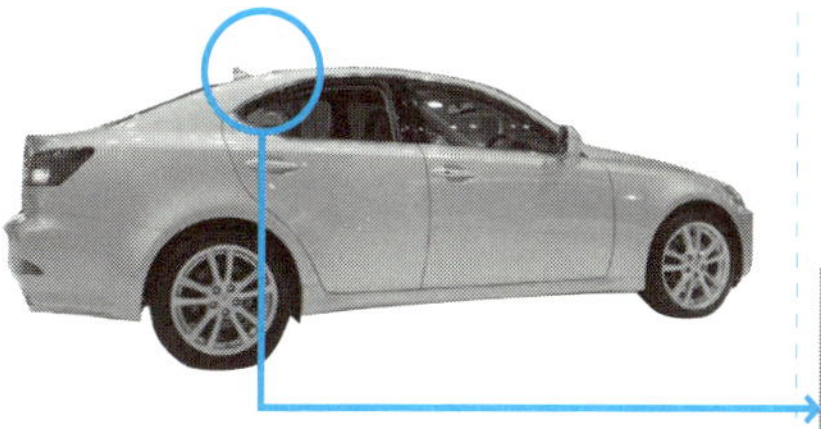

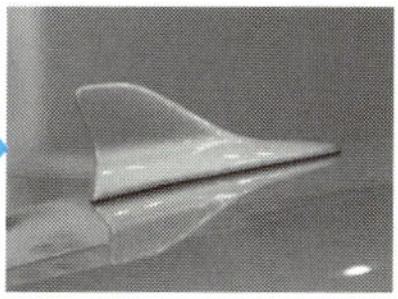

2005年レクサス IS350

4 ハード期・ソフト期の自動車にはどんな要素が出るのか

ハード期の自動車への表出

ハード期の感性要素がどのように自動車に表出していたのか検証しよう。ハード期は、アナログ期ピークからデジタル期ピークへと向かう28年間。大衆全体が、「用途度外視で、カッコイイものが欲しい」と切望するときである。

このハード期には、車にも、機能性とは直接関係のない大仰《おおぎょう》なデザインが現れる。前期ハード期には、飛行機の尾翼のようなテールフィンが導入された。また、飛行機のジェット噴射口のようなデザインがテールライトに現れた。

この当時の車の最高速度を考えれば、飛行機のテールフィン形状が、車にとって意味あるものとは思えない。ましてや、ジェットエンジンを搭載したわけでもないのに、ジェットエンジンの噴射口をモチーフにしたデザインの登場である。この現象は、ハード期の大衆の気分を如実に表している。

このように用途や機能とはまったく関係なく、ただかっこよく感じる尖ったデザインがポイントとして導入されるのが、ハード期の特徴である。

前のハード期のデザイン

1959年式
キャデラック
コンバーチブル

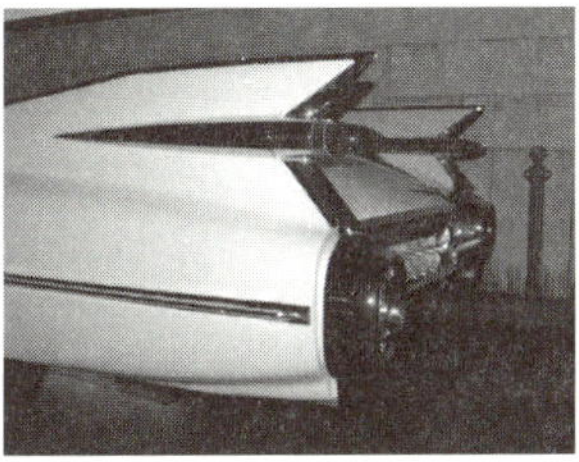

本来、テールライトの用途は、後続車に対して視認性がよく、ブレーキを踏んでいることが伝わればいいこと。にもかかわらず、機能だけでなく飛行機のテールフィンやジェットエンジンの噴射口をかたどったデザインがハード期にかっこよく感じる。

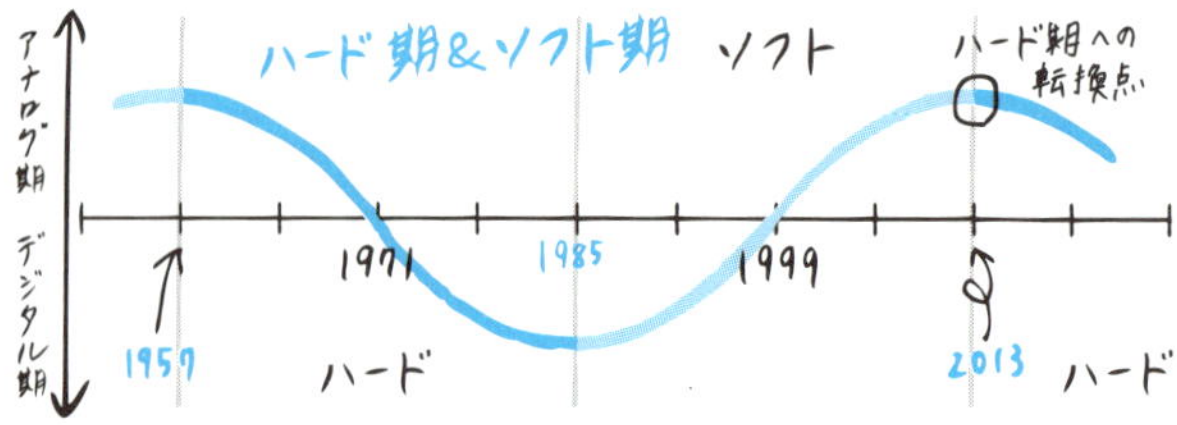

ソフト期からハード期への転換

一方、ソフト期の感性要素は、外装デザインには現れにくい。ソフト期は、ブツ（ハード）より用途（ソフト）の時代。車では、居住性のよさや安全性、環境への優しさなどが、カッコイイと言われる時代である。ナビゲーションシステムも、このソフト期に急速に進歩した。使い勝手の向上や快適性の向上にもソフト期の要素は表出しやすい。

現在（２００７年）は、ソフト期の終焉に当たる。世界中のメーカーが環境への配慮をうたい、居住性のよさを強調している。が、ほどなくハード期への転換点がやってくる。

丸く納まりのいいデザインから、尖ったデザインへ。静かすぎるエンジンから、腹底に突き上げるようなエンジン音の演出へ……など、ハード期には、今までにない雄々しい変化が望まれるはずである。その兆しはすでに自動車のデザインには表出し始めている。コンセプトカーに現れ始めているのだ。

ハード期要素のきざし

2005年東京モーターショー
コンセプトカー
レクサスLF-A

曲面で構成され、微妙な尻下がりでありながら、厚みと高さがあるこのデザインは、アナログ期・ハード期の特徴が出ている。

テールライトは横長に見えるがライトの下のダクトの部分までを一塊と見ると縦長の様相。下の空間も空気力学的に意味があるのかもしれないが、まるでモーターボートの船底部のようでもある。

column/3

新幹線でも感性トレンドを見ることができる

自動車ではないが、日本が世界に誇る新幹線にも着目してみよう。

新幹線は速さを第一とするため、機能性が重要視され、感性デザインの優先度は自動車に較べて低いとされている。しかし、夢の超特急として、40年を超え、子どもたちの鉄道への愛好心を掻き立ててきたのだ。そんな新幹線が、感性トレンドと無関係のはずがなく、デザインの変化が顕著に現れるはずである。

列車部分には表出しにくいので先頭車両のデザインを紹介させていただく。

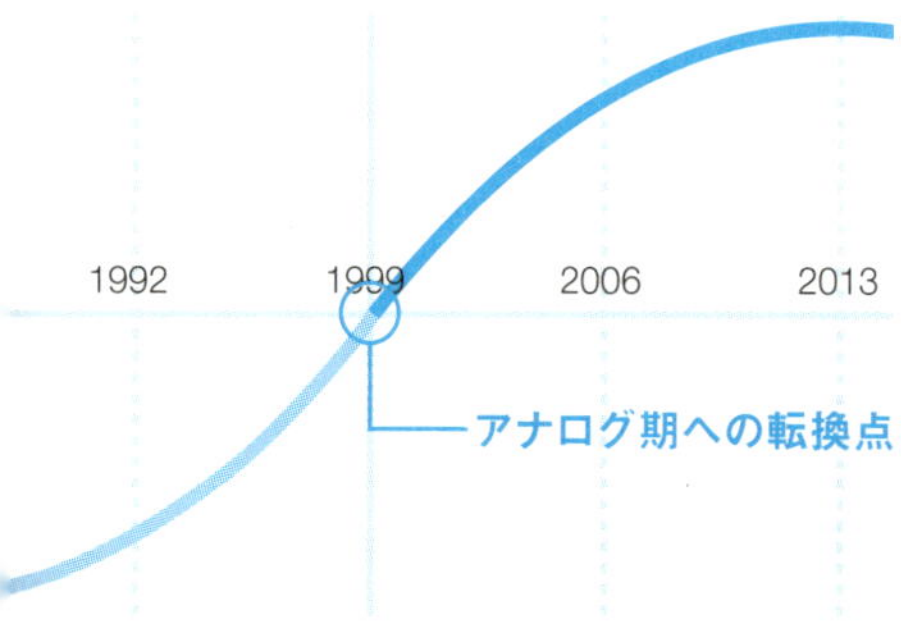

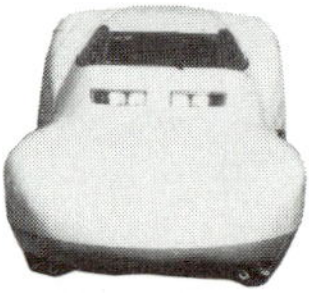

1999年走行開始、700系
[アナログ期]
真正面から見たとき、これだけ曲線多用なグラマラスな曲線で構成されている。

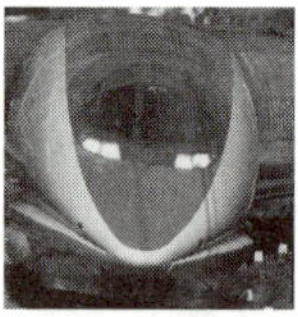

1996年走行開始、500系
[デジタル期]
アナログ期に転換しようとしている。

新幹線で検証

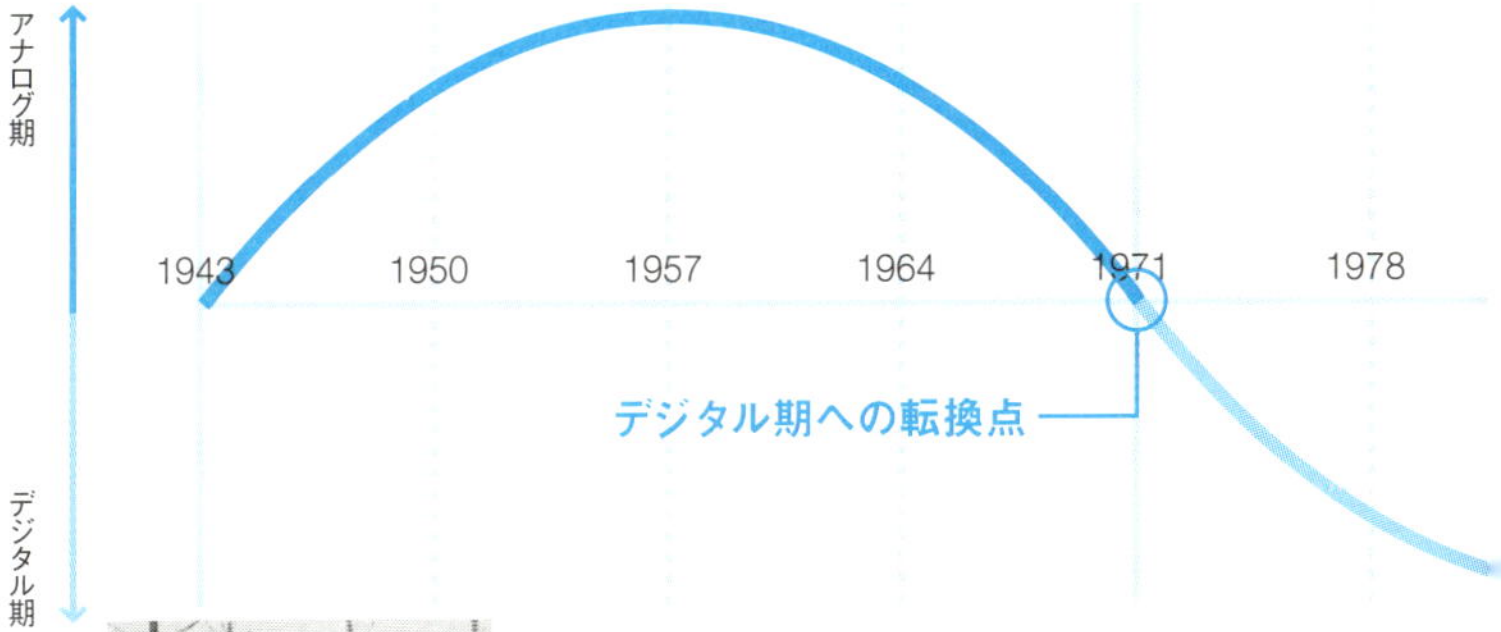

1964年走行開始、0《ゼロ》系
［アナログ期］
窓枠以外はすべて曲線。曲線のみで作られているのはこの0系だけ。

1985年走行開始、100系
［デジタル期］
鼻先が尖り、ライトが直線基調に変わった。デジタル時代のデザインに移行している。

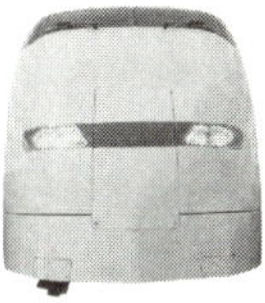

1990年走行開始、300系
［デジタル期］
ライトは四角。ノーズ先端までが究極の前下がり。

→ ここに注目！ ライトと鼻先を見よ！

- **アナログ期に登場した0《ゼロ》系の新幹線のライトと鼻先は丸い。これがデジタル期ピークの100系ではシャープなライトで、鼻先は尖っている。300系と500系のライトは見事な横長。アナログ転換年走行開始した700系では独立ライトに戻ったが、まだデジタル気分を引きずりライトは四角いが、カモノハシのような動物顔のふっくらとした鼻先へと変わった。**

あとがき

脳という「神」

大衆感性の周期は、もちろんビジネスの大きな手がかりなのだが、私には、人間の本質を見せてくれた興味深いテーマだった。

デジタル期の初め、豊かな場所を捨てて「旅」に出た大衆は、過酷な競争に身を委ねることになる。人々はいったんエリート意識を満足させてイイ気になるのだが、転げ落ちる。そうして、社会の膿《うみ》を出すために、さまざまな犠牲を払うことになるのだ。そのような苦い経験を、第二次世界大戦、バブル崩壊と二度にわたって味わってきたのにもかかわらず、おそらく、2045年頃には、人類は、また何らかの苦い後悔をするのだろう。

しかし、わかっていても止められないのが、大衆感性のブレイン・サイクルなのである。たとえ、この本がミリオンセラーになって、経済界のすべての人々が読んだとしても、その波は止められない。なぜなら、感性の波を起こしているのは、私たちの潜在脳だからだ。

潜在脳は知っているのである。われわれ人類が、この一見愚かな繰り返しによって、生態圏を拡大し、文化を成熟させ、地球上を覆い尽くしてきたことを。潜在脳は、定期的に、人類にやむにやまれぬ思いを吹き込み、やがて苦い後悔をする旅に連れ出す。そうでもしなければ生態圏の拡大ははかれないからだ。

してみると、ブレイン・サイクルを生み出す私たちの潜在脳は、私たちをよりよく生かそうとする自然の法則である。しかも、個体の脳の中にあって、個体の生存のためではなく、生態系全体のよりよい生存のために働いているのだ。潜在脳とは、「神」と呼ばれるものの一部なのかもしれない。あるいは、仏教用語の阿頼耶識（アラヤ識）を思い浮かべた方もいらっしゃるのではないだろうか。

いずれにしても、大衆という単位だからこそ浮かび上がってくる、ヒトの潜在脳の共通ベクトルは、人類のＤＮＡに深く刻印された徴（しるし）なのであって、その俯瞰には、マーケティングという枠を超えた深遠な哲学が見えてくるように私には思える。

そこには、生態系としてよりよく生きようとする術があり、ときに、それが個体（個人）の息の根を止めるのだが、大衆の共通意識は、気にもせずに、繰り返し人類をサバイバル・ツアーに向かわせる。ここにおいて経済（金）は、幸福の魔法にも、死に至らしめる毒薬にもなる旅の供だ。

ブレイン・サイクルが生み出す感性トレンドを見つめていると、何が善で、何が悪なのかは、固定では語れないことがわかってくる。あるときは金を握っている者が幸福であり、あるときは金を握っている者が不幸である。

人としての最も賢い生き方は、寄せては返す波に意識を乗せて、ときにはすべてを手放し、ときには多くを手にする生き方のように思える。それは、今の大衆の生き方そのものではないだろうか。私たちは、自然のままに、最も幸福な生き方をしているのかもしれない。

それが結論ならば、私たち人類はブレイン・サイクルを知らずとも、ただ日々のうまくいったことや、うまくいかないことに一喜一憂して暮らせばいいのかもしれない。

しかし、私には、一つの杞憂がある。それは、ブレイン・サイクルが、世界中で揃いつつあることだ。集落ごとのさざ波のようなトレンドと較べて、世界の大津波のような経済効果の衝撃は大きい。一喜一憂して暮らせばいいじゃないかと言うには厳しすぎる。

だったら、まぁ、私の本の読者くらいには、「日々のうまくいくことや、うまくいかないことの法則」を知ってもらい、賢く切り抜け、うまく利益を享受してほしいではないか。

……そんなつもりで、私は、この本を書いた。

この世の秘密を、楽しんでいただけましたか？

さて、私がそもそも、この秘密に出会えたのは、スガワラトレンド研究所の菅原健二所長のデザイントレンドの研究に触れたからだった。この本の出版に当たって、何よりも、菅原先生の才能に敬意と感謝を捧げたい。

本論は、2006年1月開講の大前研一アタッカーズビジネススクール（ABS）「感性マーケティング」講座の一テーマとして誕生した。育んでくれたABSのみなさんと弟子たちに心から感謝します。特に一期生で本書共著の岡田耕一のトレンド・ウォッチングの才を得なかったら、私は執筆を決心しなかったと思う。三期生の手塚美幸さんには、文章よりも説得力のあるイラストをいただいた。難しいテーマを引き受けてくださった中経出版の清水静子さんにも深く感謝します。

そして、この本で読んでくださったあなたに、一番大きな感謝を。最後まで、私たちの秘密を楽しんでくださって、本当にありがとう。

ブレイン・サイクルと感性トレンドを知った人たちすべてのビジネスの成功を祈りつつ。

2007年4月、ハナミズキの開いた日に　黒川　伊保子

〔著者紹介〕

黒川　伊保子（くろかわ　いほこ）

1959年長野県生まれ。奈良女子大学卒。富士通ソーシアルサイエンスラボラトリ勤務を経て、2003年㈱感性リサーチを設立、代表取締役に就任。同年、人工知能の集大成による語感分析法「サブリミナル・インプレッション導出法」を発表、商品名感性分析の第一人者となる。2006年大前研一アタッカーズビジネススクールにて「感性マーケティング講座」を開講。NTV『世界一受けたい授業』やNHK教育テレビ『日本語なるほど塾』などに出演。近著に『怪獣の名はなぜガギグゲゴなのか』（新潮社）、『日本語はなぜ美しいのか』（集英社）など多数あり。

・黒川伊保子オフィシャルサイト
http://www.ihoko.com/

岡田　耕一（おかだ　こういち）感性アナリスト

1963年愛知県生まれ。東洋大学卒。大手自動車メーカーの新車販売会社にて、全国トップセールスの実績を認められ、最年少で所長に就任。自動車メーカー研修所の特別講師を兼任するなど、営業職を極めた。その経験から、自動車という商材への感性の影響の大きさを痛感。黒川伊保子氏に師事し、感性を学ぶ。大前研一アタッカーズビジネススクール「感性マーケティング講座」第一期生。現在は、黒川氏が監修するサンケイリビング主催のセミナー講師を務める。（第Ⅱ部担当）

なぜ、人は７年で飽きるのか　（検印省略）

2007年５月30日　第１刷発行

著　者　黒川　伊保子（くろかわ　いほこ）・岡田　耕一（おかだ　こういち）
発行者　杉本　惇

発行所　㈱中経出版
〒102-0083
東京都千代田区麹町3の2 相互麹町第一ビル
電話　03(3262)0371（営業代表）
03(3262)2124（編集代表）
FAX 03(3262)6855　振替 00110-7-86836
ホームページ　http://www.chukei.co.jp/

乱丁本・落丁本はお取替え致します。
DTP／タイプフェイス　印刷／新日本印刷　製本／三森製本所

ISBN978-4-8061-2712-3　C2034